Elke Königsdorfer

55 Methoden Mathematik

einfach, kreativ, motivierend

Auer

5. Auflage 2026

Autor*innen: Elke Königsdorfer
Illustrationen: Steffi Aufmuth, Corina Beurenmeister, Carmen Hochmann, Steffen Jähde, Hendrik Kranenberg, Sandra Schmitt, Thorsten Trantow, Bettina Weyland
Satz: tebitron gmbh, Gerlingen
Druck und Bindung: PMLS - Print Management Logistics Solutions
ISBN 978-3-403-**07721**-3

www.auer-verlag.de

Methodenkompetenz

Methodenkompetenz ist ein wichtiger Baustein pädagogischer Professionalität. Methodische Variation und Vielfalt sind grundlegend für guten Unterricht, aber kein Selbstzweck. Sie führen dann zu optimalen Lernprozessen, wenn sie funktional angewendet und von dem Lehrer[1] beherrscht werden. Unterschiedliche Lehrer bevorzugen verschiedene Methoden.
Sinnvolle methodische Arrangements verlangen nach der Klärung von Zielen, einer intensiven Auseinandersetzung mit dem Inhalt und nach Berücksichtigung der jeweiligen Situation der Lerngruppe sowie den Möglichkeiten des Lehrers. Ziel des Mathematikunterrichts ist die Vermittlung von grundlegendem mathematischen Wissen. Methoden haben hierbei die Aufgabe, den Weg zum Ziel zu ebnen und dem Schüler die Wissensaufnahme zu erleichtern. Somit sind sie ein wichtiges Handwerkszeug des Lehrers und tragen entscheidend zur Unterrichtsqualität bei, denn ein methodisch abwechslungsreicher Unterricht fördert die Motivation und Leistungsbereitschaft der Schüler. In Zeiten heterogener Lerngruppen bietet die Methodik Zugänge für verschiedene Lerntypen und eröffnet Möglichkeiten, um differenzierten Leistungsniveaus gerecht zu werden. Unterrichtsmethoden strukturieren ein Thema, um ideale Bedingungen zum Lernen zu bieten. Sie sind also der Unterrichtsweg. Die Pädagogik sieht die Wahl von Unterrichtsmethoden als Teil der Unterrichtsplanung.
Ziele, Inhalte und Methoden stehen in Wechselwirkung miteinander. Wer eine Unterrichtsstunde plant, muss genau prüfen, ob die innere Zielorientierung der ausgewählten Methode stimmig zu Ziel- und Inhaltsentscheidungen ist.
Im Mittelpunkt des Lehrgeschehens stehen heute die Lernenden. Der schülerorientierte Unterricht wird dem vorwiegend lehrerzentrierten Unterricht vorgezogen. Bei modernen Lehrmethoden steht also nicht der Lehrer im Mittelpunkt des Geschehens, sondern der zu Unterrichtende, der einen aktiven Part übernehmen soll. Auch der Kompetenz- und Handlungsorientierung wird eine große Bedeutung zugesprochen.
Durch die Möglichkeiten der Informations- und Kommunikationsmedien müssen Lehrmethoden in der heutigen Zeit zusätzlich überdacht und den neuen Herausforderungen angepasst werden.

Lernen im Fokus der Kompetenzorientierung

Kompetenzorientierung meint, den Schüler darauf vorzubereiten, neue Aufgaben- oder Problemstellungen erfolgreich und eigenverantwortlich zu lösen.

Man unterscheidet hierbei folgende Kompetenzbereiche:

- Methodenkompetenz: zielgerichtetes, strukturiertes und effektives Vorgehen; Denkmethoden, Arbeitsverfahren und Lösungsstrategien selbstständig anwenden; Befähigung und Bereitschaft, eigenverantwortlich am Lernprozess mitzuwirken

[1] Aufgrund der besseren Lesbarkeit ist in diesem Buch mit Lehrer immer auch die Lehrerin gemeint, ebenso verhält es sich bei Schüler und Schülerin etc.

- Fachkompetenz: Fähigkeit, Wissen anzuwenden und mithilfe fachlicher Kenntnisse und Fertigkeiten Aufgaben und Probleme zielorientiert, sachgerecht und selbstständig zu bewältigen sowie das Ergebnis zu beurteilen
- Soziale Kompetenz: Kompromissfähigkeit, Wertschätzung, Toleranz, Solidarität, Teamfähigkeit, Hilfsbereitschaft, Kommunikationsfähigkeit, Beachten von Regeln …
- Personale Kompetenz: Kritikfähigkeit, Sorgfalt, Leistungsbereitschaft, Eigeninitiative, Selbsteinschätzung, Zuverlässigkeit, Ausdauer/Konzentration, Selbstständigkeit …

Wie der Titel schon sagt, vermitteln alle 55 vorgestellten Methoden Methodenkompetenz.
Aber auch die drei anderen Kompetenzbereiche werden in den einzelnen Methoden immer wieder berücksichtigt und vermittelt. Durch das Symbol oben rechts in der Kopfzeile wird deutlich gemacht, welche weitere Kompetenz jeweils vermittelt wird.

Aufbau der Handreichung

Die Darstellung der 55 Methoden erfolgt im Wesentlichen immer nach dem gleichen Schema:
Folgende Symbole erleichtern die Orientierung und Auswahl der geeigneten Methode:

Zeitbedarf der Methode (Durchschnittswert). Je nach methodischen Kenntnissen, Jahrgangsstufe und Sozialgefüge der Klasse sowie Material und Thematik kann diese Angabe variieren.

Fachkompetenz

Schwierigkeitsgrad der Methode (für die Schüler)

Soziale Kompetenz

Zielsetzung der Methode

Personale Kompetenz

Benötigte Materialien

Unter dem Begriff **Durchführung** folgt eine konkrete Beschreibung der Methode. Hier werden die einzelnen Arbeitsschritte sowie notwendige Vorbereitungen erläutert. Ebenso werden mögliche Schwierigkeiten bei der Umsetzung im Unterricht thematisiert.

Anschließend folgt ein **konkretes Unterrichtsbeispiel** welches die Umsetzung der Methode im Fach Mathematik verdeutlicht. Die Auswahl der Beispiele in diesem Heft deckt viele Themen des Lehrplans für das Fach Mathematik ab. Grundsätzlich sind nahezu alle Methoden bei entsprechender Umgestaltung / Anpassung an die Voraussetzungen der Lerngruppe in allen Jahrgangstufen einsetzbar, unabhängig vom gewählten Beispiel. Ebenso kann man die einzelen Methoden auf viele Themenbereiche des Mathematikunterrichts anwenden. Teilweise werden auch **weitere Unterrichtsbeispiele** genannt, deren Inhalte gut anhand der jeweiligen Methode erarbeitet werden könnten.

Häufig ergänzt eine **grafische Darstellung** das konkrete Unterrichtsbeispiel oder die allgemeine Darstellung der Methode.

Unter dem Punkt **weiterführende Hinweise** werden Hinweise zur Variation der Methode und zur Arbeitsweise mit der Methode gegeben.

1.1 D-A-B-Methode: Denken, Austauschen, Besprechen

5–10 Min.

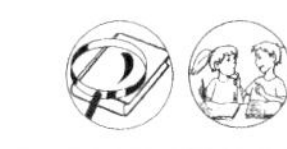

Vorwissen aktivieren
Wissensaustausch
nachdenken / reflektieren

offene Frage / Arbeitsanweisung

Durchführung:

Die Methode „Denken – Austauschen – Besprechen" ist eine Methode, die ohne großen Aufwand in vielfältigen Situationen genutzt werden kann. Dabei wird immer in folgender Weise vorgegangen:

Der Lehrer stellt eine offene Frage bzw. gibt die Arbeitsanweisung, über einen Sachverhalt nachzudenken.

Denken: Die Schüler denken zunächst alleine nach.
Austauschen: Immer mindestens zwei Schüler tauschen ihre Ideen aus und fassen diese dann zusammen.
Besprechen: Der Lehrer beginnt ein Gespräch über die Ergebnisse mit der ganzen Klasse.

Konkretes Unterrichtsbeispiel:

Die D-A-B-Methode kann zum Aktivieren des Vorwissens im Bereich Multiplikation mit Dezimalbrüchen angewendet werden:

„Im vergangenen Schuljahr hast du gelernt, zwei Dezimalbrüche miteinander zu multiplizieren. Was weißt du noch darüber?"

Weiterführende Hinweise:

Die Methode kann in den verschiedensten Unterrichtsphasen angewendet werden:

- als Einstieg in ein neues Thema
- um das Thema der vergangenen Stunde aufzugreifen
- am Ende einer Arbeit, um zu reflektieren

Je weniger Erfahrung die Schüler mit dieser Methode haben, umso mehr Struktur sollte vorgegeben werden (Zeitvorgaben, Notizen verlangen, Fragen strukturieren …).

Wissen aktivieren
Kopfrechnen mit Partnerkontrolle

vorbereitete Aufgabenkarten

Durchführung:

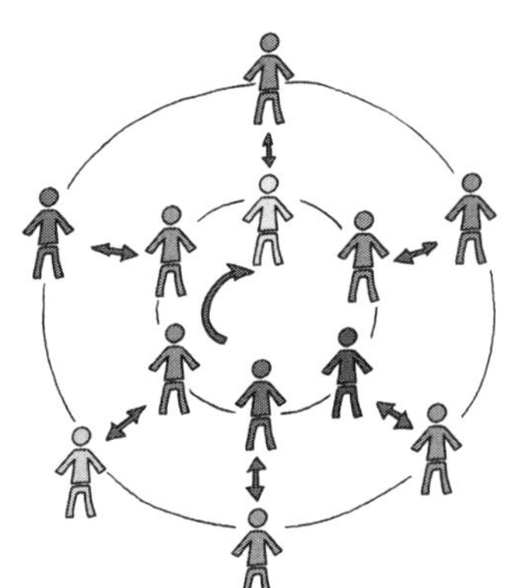

Die Schüler bilden einen Innen- und einen Außenkreis, sodass jeder Schüler ein Gegenüber hat.
Die Schüler im Außenkreis bekommen eine Aufgabenkarte und stellen ihrem Partner die Aufgabe.
Die Paare besprechen kurz die Lösung.
Einer der Kreise bewegt sich weiter. Das Verfahren wiederholt sich mit neuen Paaren, solange bis wieder die Konstellation vom Anfang erreicht ist.

Konkretes Unterrichtsbeispiel:

Umwandeln von Dezimalbrüchen in Prozentzahlen:

0,04 → 4 %	0,2 → 20,0 %	1,3 → 130 %
0,25 → 25 %	1 → 100,0 %	0,05 → 5 %
0,4 → 40 %	0,125 → 12,5 %	1,5 → 150 %

Weiterführende Hinweise:

Diese Methode kann in fast allen Unterrichtsphasen bei fast bei allen Themen eingesetzt werden, z. B.:

- Abfragen von Formeln (z. B. Fläche / Umfang)
- Umwandeln von Größen
- Lösen einfacher Gleichungen
- Indirekte und direkte Proportionalität
- usw.

1.3 Mindmap

3–5 Min.

schnelles Sammeln von Informationen / Ideen
Vorwissen aktivieren und strukturieren
Zusammenhänge strukturieren

Tafel, bunte Kreiden,
DIN-A4-Blätter (weiß), Buntstifte, Textmarker

Durchführung:

Durch eine Mindmap wird Wissen übersichtlich kategorisiert, strukturiert und gegliedert.
Ausgehend von einem zentralen Begriff in der Mitte wird eine verzweigte, meist farbige hierarchische „Ast"-Struktur von Begriffen, Stichwörtern und Bildern hergestellt.
Durch den Gebrauch von Blasen, Pfeilen oder Wellenlinien werden wichtige Dinge hervorgehoben und betont oder Zusammenhänge dargestellt. Zusätzlich können Farben oder Symbole verwendet werden. Sie helfen zusätzlich bei der Visualisierung und unterstützen die Merkfähigkeit.

Konkrete Unterrichtsbeispiele:

Mindmaps können zu fast allen Themenbereichen erstellt werden:

- Mathematische Grundbegriffe
- Grundrechenarten
- Prozent- / Zinsrechnen
- Binomische Formeln
- Lineare Funktionen
- Quadratische Funktionen
- usw.

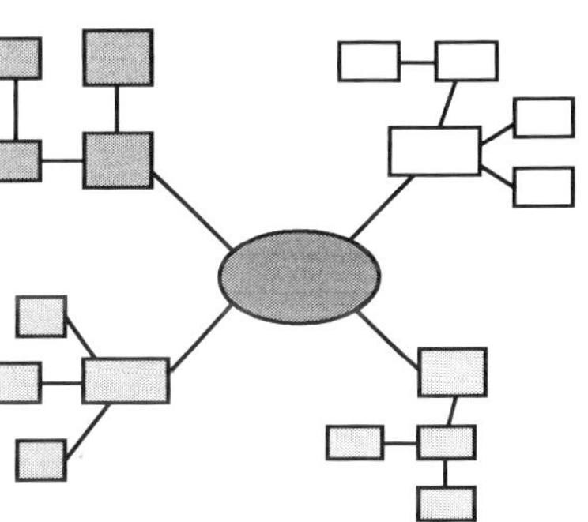

Weiterführende Hinweise:

Eine Mindmap kann in vielen Phasen des Mathematikunterrichts zur Strukturierung eingesetzt werden: Einstieg, Brainstorming, Wiederholung, Zusammenfassung ...
Zur Erstellung von Mindmaps gibt es im Internet auch spezielle Programme.

5 Min.

verbalisieren
Vorwissen / Wissen aktivieren
Erfahrungs- / Meinungsaustausch
Ideen sammeln

offene Frage / Impuls

Durchführung:

Die Redekette beginnt mit einer offenen Frage oder einem Impuls des Lehrers, die / der sehr viele Möglichkeiten zur Beantwortung lässt. Ein Schüler beginnt mit der Beantwortung und ruft einen anderen Schüler auf. Es entsteht so eine Kette von Beiträgen, die vom Lehrer nicht unterbrochen wird.

Redeketten funktionieren nur, wenn alle Schüler Blickkontakt zueinander aufnehmen können. Deshalb ist die sogenannte Omnibus-Sitzordnung nicht für das Durchführen einer Redekette geeignet. Besser geeignet sind die Konferenzordnung oder ein Sitzkreis.

Folgende Regeln sollten gelten:
- Rufe einen Mitschüler auf, der noch nicht an der Reihe war.
- Jeder sollte einmal drankommen.
- Du darfst auch jemand aufrufen, der sich nicht meldet.

Konkretes Unterrichtsbeispiel:

Weiterführende Hinweise:

Besonders gut eignet sich diese Methode zum Einstieg in ein Thema, zu dem sich die Schüler frei äußern können, ohne dass es falsche Antwortmöglichkeiten gibt. Gut geeignet ist sie auch, um Erfahrungen oder Meinungen auszutauschen, Ideen zu sammeln oder Vorwissen abzufragen.

1.5 Top oder Flop

5 Min.

Aufgaben / Aussagen überprüfen
Kopfrechnen

vorbereitete Aufgaben / Aussagen

Durchführung:

Der Lehrer trägt Aufgaben / Aussagen vor, die sich auf den Mathematikunterricht beziehen und die entweder richtig oder falsch sind.
Die Schüler geben mit dem Daumen das entsprechende Signal:

Daumen hoch → „Richtig!"

Daumen runter → „Falsch!"

Konkretes Unterrichtsbeispiel:

Verschiedene Aufgaben aus dem Bereich proportionale Zuordnungen:

- 1 Kugel Eis kostet 1,80 €. Tina zahlt für 4 Kugeln 7,20 €.
- 2 Dosen Champignons kosten 1,90 €. 6 Dosen kosten 5,70 €.
- 3 Brötchen kosten zusammen 1,80 €. 5 Brötchen gibt es für 3,00 €.
- Mark kauft 3 Lutscher für 2,40 €. Melanie bezahlt für 2 Lutscher 1,60 €.
- usw.

Weiterführende Hinweise:

Nach jeder Runde kann kurz begründet werden, warum eine Aussage richtig oder falsch war.
Statt Aufgaben kann sich der Lehrer auch richtige und falsche Aussagen zu einem Thema überlegen.
Je älter die Schüler sind, desto schwieriger können die Aufgaben / Aussagen sein.
Eine Variation dieser Methode kann auch **„Rot oder Grün?"** genannt werden. Bei dieser Abwandlung erhält jeder Schüler eine rote und eine grüne Karte, wobei grün für richtig und rot für falsch steht.

2.1 Arbeit am Geobrett

10 Min.

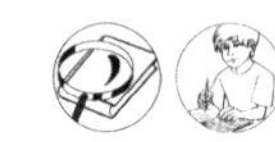

geometrische Figuren untersuchen
Kopfgeometrie

Geobretter (mit verschiedenfarbigen Gummiringen)

Durchführung:

Die Arbeit mit dem Geobrett ist eine weitverbreitete Methode im Geometrieunterricht, die vielseitig einsetzbar ist.

Auf einem Geobrett können mit verschiedenfarbigen Gummibändern geometrische Figuren gespannt und hinsichtlich ihrer Eigenschaften untersucht werden.

Konkrete Unterrichtsbeispiele:

1. Ergänze die Figuren zum Quadrat. Zu welchem Punkt musst du als nächstes?
   a) 3 – 11 – 23 – □
   b) 8 – 18 – 20 – □
   c) 16 – 21 – 22 – □

2. Welche Fläche entsteht, wenn du folgende Punkte verbindest?
   2 – 6 – 17 – 8 – 2

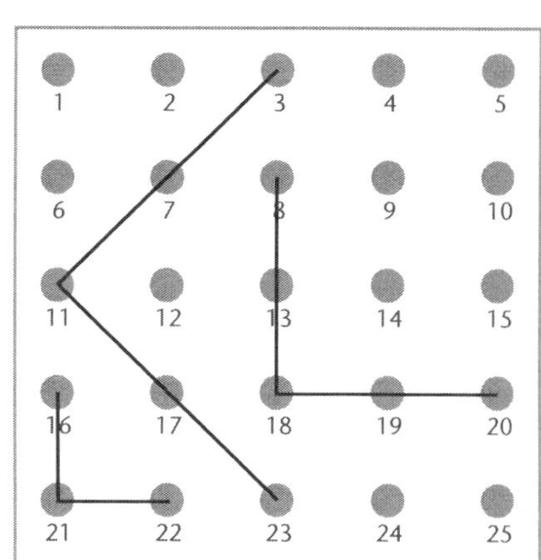

Weiterführende Hinweise:

Der Einsatz von Geobrettern ist in vielen Bereichen möglich:

- Bestimmung geometrischer Figuren
- Eigenschaften von Vierecken
- Untersuchung von Symmetrieeigenschaften
- Verschiebung, Drehung, Streckung ...
- Flächenberechnungen
- usw.

Geobretter können auch selbst gefertigt werden: Auf einem quadratischen Holzbrettchen werden 16, 25 oder 36 Nägel so eingeschlagen, dass ein quadratisches Gitter entsteht.

2.2 Arbeit mit reellen Gegenständen

5 Min.

räumliches Vorstellungsvermögen
kombinierendes Denken

3 Würfel pro Zweiergruppe

Durchführung:

Lernen am konkreten Gegenstand ist ein didaktischer Grundsatz im Mathematikunterricht.

In diesem Fall dienen die Würfel als konkrete Gegenstände.

Bei diesem Beispiel ist es wichtig zu wissen, dass die gegenüberliegenden Seiten eines Würfels immer die Augensumme 7 haben.

Konkretes Unterrichtsbeispiel:

Je zwei Schüler sitzen sich an einem Tisch gegenüber und erhalten drei Würfel. Jeder soll die Würfel nur von oben und seine Seite der Würfel sehen. Nun soll die Anzahl der Punkte bestimmt werden, die der Partner sieht.

Weiterführende Hinweise:

Die Anzahl der Würfel kann variiert werden.

Schwächeren Schülern kann ein zusätzlicher Würfel als Hilfsmittel zur Verfügung gestellt werden.

Es gibt eine Vielzahl von reellen Gegenständen, mit denen im Mathematikunterricht als Anschauungsmaterial gearbeitet werden kann.

kompetenzorientiertes Lernen

vorbereitete Aufgabe

Durchführung:

Blütenaufgaben sind eine Methode zur produktiven Aufgabengestaltung. Sie ermöglichen es dem Lehrer, schnell Aufgaben zu erstellen, die neben den reinen Rechenfähigkeiten auch andere Kompetenzbereiche fordern und fördern. Eine Blütenaufgabe besteht aus mehreren zunehmend anspruchsvollen Teilaufgaben. Insgesamt sollte eine Blütenaufgabe aus nicht mehr als fünf Teilaufgaben bestehen. Nicht alle Schüler werden alle Teilaufgaben in gleicher Tiefe bearbeiten können.
Die Teilaufgaben beginnen mit einer geschlossenen Aufgabe, werden aber nach oben immer offener.

Konkretes Unterrichtsbeispiel:

Martina stellt Jakob ein Zahlenrätsel: „Denke dir eine Zahl. Addiere nun 2 und multipliziere das Ergebnis mit 4. Subtrahiere zuletzt 5. Wenn du mir das Ergebnis nennst, sage ich dir, welche Zahl du dir gedacht hast."

a) Jakob denkt sich die Zahl 4.
   Welches Ergebnis erhält er?
b) Nun denkt sich Jakob eine neue Zahl.
   Sein Ergebnis lautet 27.
   Welche Zahl hat er sich gedacht?
c) Wie kann Selina aus einem beliebigen
   Ergebnis von Jakob immer seine gedachte Zahl bestimmen?
d) Erfinde selbst ein Zahlenrätsel.
   Gib die dazugehörige Lösungsstrategie an.

Weiterführende Hinweise:

Blütenaufgaben können zu vielen Bereichen im Mathematikunterricht erstellt werden:

- Wahrscheinlichkeit
- Gleichungen mit zwei Unbekannten
- Potenzen
- usw.

Werte grafisch darstellen
Informationen ordnen

vorbereitete Aufgaben, Material (z. B. Plakat, buntes Papier ...)

Durchführung:

Umfrageergebnisse und andere Daten werden häufig in Schaubildern oder Statistiken dargestellt. Die bekanntesten Formen sind Säulen-, Balken-, Streifen- oder Kreisdiagramm.
Wichtig ist, dass sich die Schüler für eine geeignete Darstellungsform entscheiden. Maßeinheiten und Bezugsgrößen müssen angegeben werden.
Um ein Kreisdiagramm erstellen zu können, müssen erst die Anteile in Prozent errechnet werden. Zum Zeichnen müssen diese in Grad umgerechnet werden (1 % → 3,6°).

Konkretes Unterrichtsbeispiel:

20 Schüler der Abschlussklasse wurden befragt, in welchem Wirtschaftssektor sie gerne ihre Ausbildung machen würden.

- 1 Schüler → Urproduktion (primärer Sektor)
- 12 Schüler → Produktion & Handwerk (sekundärer Sektor)
- 7 Schüler → Dienstleistung (tertiärer Sektor)

Stelle das Umfrageergebnis in einem Schaubild deiner Wahl dar.

Weiterführende Hinweise:

Ein Diagramm kann auch auf der Grundlage einer Umfrage, die die Schüler selbst durchführen, erstellt werden.
Ein einfaches Beispiel hierzu ist: Alle Schüler einer Klasse notieren ihr Geburtsdatum auf einem Zettel. Diese werden dann nach Monaten sortiert und die Antworten in einem Säulendiagramm dargestellt.

2.5 Diagramme / Schaubilder auswerten

10–15 Min.

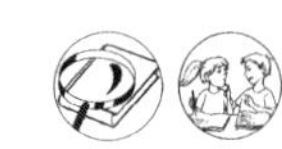

Werte exakt ablesen
verbalisieren

Diagramm / Schaubild / Statistik

Durchführung:

Statistiken, Schaubilder und Diagramme begegnen uns überall. Wer sie richtig lesen kann, ist schnell informiert.
Die Schüler untersuchen ein Schaubild nach folgenden Gesichtspunkten:

- Was ist das Thema des Schaubildes?
- Wer wurde befragt? Was wurde untersucht?
- Worauf beziehen sich die Angaben / Prozentangaben?
- Welche Unterschiede / Gemeinsamkeiten sind auffällig?

Konkretes Unterrichtsbeispiel:

Werte folgendes Schaubild aus.

Im Jahr 2024 wurden Zwölf- bis 25-Jährige befragt, für wie vertrauenswürdig sie die Medien halten.[2]
Anteil in %:

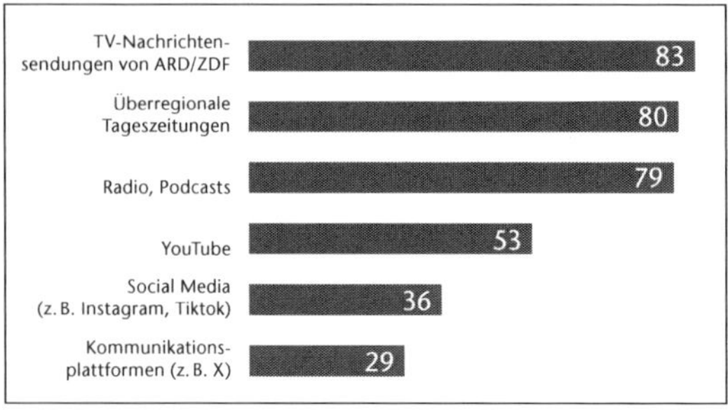

TIPP: Schaubild auswerten

- *Das Schaubild zeigt …*
- *Befragt wurden …*
- *Anhand des Schaubilds kann man erkennen, dass …*
- *Am meisten …*
- *Ein Großteil der Stimmen ging …*
- *Spitzenreiter war mit …*
- *Etwa die Hälfte wählte …*
- *Die wenigstens nannten …*
- *Die wenigsten Stimmen erhielt …*
- *Weit abgeschlagen ist …*
- *Am Ende …*
- *Besonders viele / wenige …*
- *Auffällig ist …*
- *Abschließend kann man feststellen, dass …*

Weiterführende Hinweise:

Zu fast allen Bereichen des Lebens gibt es Schaubilder, Statistiken oder Diagramme. Deshalb sind sie auch vielfältig im Mathematikunterricht einsetzbar:

- Prozentrechnen
- Rationale Zahlen
- Wachstum
- Zuordnungen
- usw.

[2] Zahlen nach der Shell Studie 2024

2.6 Geometriediktat

10 Min.

nach Anweisung konstruieren
mit geometrischen Hilfsmitteln umgehen (Geodreieck, Zirkel, Lineal)

Folie, Projektor, weißes Papier für Schüler,
Geodreieck, Lineal, Zirkel,
vorbereitete Aufgabe

Durchführung:

Der Lehrer diktiert schrittweise eine Konstruktion.
Die Schüler zeichnen die Konstruktion auf weißes Papier.
Ein Schüler zeichnet diese Konstruktion auf Folie mit.
Mithilfe der Folie werden abschließend die Lösungen verglichen.

Konkretes Unterrichtsbeispiel:

1. Zeichne eine Raute mit den Diagonalenlängen 6 cm und 8 cm.
2. Zeichne genau mittig einen Kreis mit Radius 1 cm ein.
3. Halbiere die 4 Seiten der Raute und verbinde die Mittelpunkte zu einem Rechteck.

Weiterführende Hinweise:

Leistungsschwächere Schüler können zur Differenzierung statt weißem Papier kariertes Papier verwenden.
Das Konstruktionsdiktat kann in Partnerarbeit auch umgekehrt ausgeführt werden. Dazu erhält ein Schüler die Vorlage einer Figur (mit Maßangaben) und soll durch konkrete Konstruktionsanweisungen seinen Partner dazu bringen, die Figur möglichst identisch zu konstruieren.

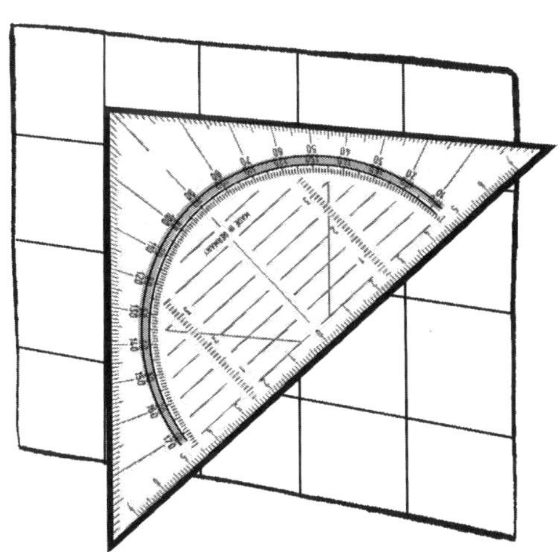

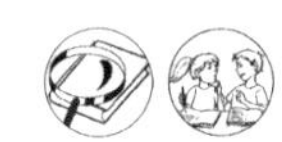

Wiederholung
erworbenes Wissen anwenden

vorbereiteter Lückentext

Durchführung:

Durch das selbstständige Vervollständigen eines Lückentextes wiederholen die Schüler und wenden bereits vorhandenes oder neu erworbenes Wissen an. Ein vorbereiteter Lückentext fasst das Wichtigste der vergangenen Stunde/Sequenz zusammen. In die Textlücken sollen die Schüler die fehlenden Begriffe eintragen.

Konkretes Unterrichtsbeispiel:

Lückentext zum Lehrsatz des Pythagoras:

Der Lehrsatz des Pythagoras gilt nur für ________________ Dreiecke.

Die Seite im rechtwinkligen Dreieck, die dem rechten Winkel gegenüberliegt, wird als ________________ bezeichnet. Die Seiten, die den rechten Winkel einschließen, werden als ________________ bezeichnet.

Die Summe der Flächeninhalte der ________________ über den Katheten ist gleich dem Flächeninhalt des ________________ über der Hypotenuse.

In Worten bedeutet das: ________________ hoch zwei ist Kathete hoch zwei plus andere Kathete hoch ________________.

Weiterführende Hinweise:

Die Schüler produzieren selbst Lückentexte und stellen sie im Unterricht vor. Alternativ können auch begonnene oder unvollständige Grafiken oder Diagramme beschriftet werden. Im Internet kann man mithilfe sogenannter Lückentext-Generatoren eigene Lückentexte gestalten.

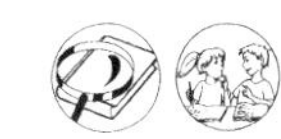

verschiedene Lösungswege sammeln
verschiedene Lösungen vergleichen

Placemat-Vorlage, Aufgabenstellung

Durchführung:

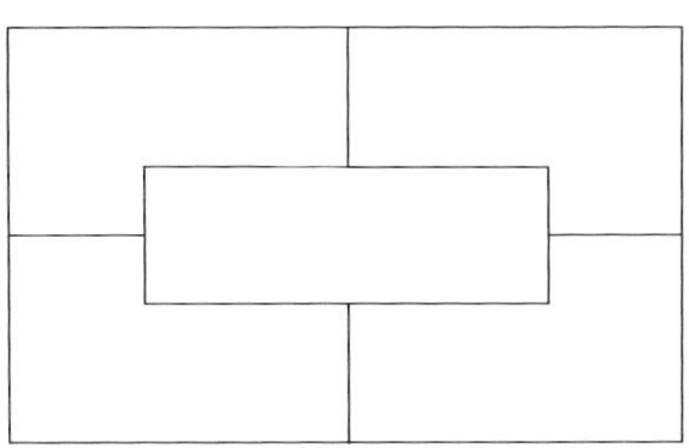

Die Schüler setzten sich in Vierergruppen zusammen. Jede Gruppe erhält einen Bogen und alle Gruppen erhalten dieselbe Aufgabenstellung.
Jeder Schüler notiert für sich seine Gedanken oder Ergebnisse (ohne miteinander zu reden) in sein Individualfeld.
Die individuellen Ergebnisse werden ausgetauscht und verglichen. Dazu kann der Bogen im Uhrzeigersinn gedreht werden, sodass alle Gruppenmitglieder die anderen Ergebnisse lesen und nachvollziehen können. Anschließend wird miteinander darüber diskutiert. So wird ein gemeinsames Gruppenergebnis ermittelt, das in das Feld in der Mitte eingetragen wird.
Die Schüler stellen ihr Gruppenergebnis der Klasse vor.

Konkretes Unterrichtsbeispiel:

Die Methode kann sehr gut bei Textaufgaben angewendet werden.

Geometrie – 5. Klasse:
Ein Rechteck mit den Seitenlängen 9 cm und 8 cm soll in ein flächengleiches Rechteck umgewandelt werden, das doppelt so lang wie breit ist.

Weiterführende Hinweise:

Es ist sinnvoll, eine genaue Zeitvorgabe zu machen.
Die Methode ist sehr vielseitig und in vielen Phasen des Unterrichts einsetzbar.
Sie eignet sich auch gut zum Lösen von Aufgaben vor einer Klassenarbeit.

2.9 Portfolio

Inhalte selbstständig erarbeiten

konkrete Themenstellung, Mappe

Durchführung:

Unter einem Portfolio versteht man eine zielgerichtete Sammlung von Schülerarbeiten, die Anstrengung, Lernfortschritt und Leistungsresultate dokumentieren. Am Ende der Portfolio-Arbeit gibt der Schüler eine Leistungsmappe ab, in der sowohl schulische als auch außerschulische Leistungen gesammelt werden.

Konkretes Unterrichtsbeispiel:

Haus der Vierecke	
Was?	Vierecke und ihre Eigenschaften Worum geht es? Für wen ist das wichtig?
Warum?	Wer hat es erfunden? Wer braucht es? Was hilft es, wenn ich es kann?
Wie?	Wie sind wir vorgegangen? Wiederholung der Einstiegsaufgabe
zusätzliche Highlights	historische Begründung selbst erfundene Aufgabe originelle Lösung / Beweis Mathe-Geschichte

Weiterführende Hinweise:

Mögliche Bewertungskriterien:
- Sind die Leitfragen erfüllt worden?
- Originalität und Kreativität

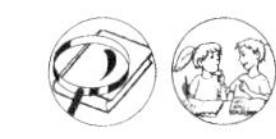

verbalisieren
problemorientiertes Lösen

Aufgabenkarten

Durchführung:

„Runder Tisch" ist eine kooperative Methode, bei der ein Blatt und ein Stift systematisch an den nächsten in der Gruppe weitergegeben werden. Ein Schüler notiert beispielsweise eine Idee / einen Lösungsansatz und gibt dann Papier und Bleistift an den linken Nachbarn weiter, der die Idee / Lösung weiterentwickelt oder eigene Ideen einbringt. Das Papier rotiert so lange, bis es wieder beim „Absender" ist. Dieser überprüft die verschiedenen Antworten und gleicht sie mit seiner eigenen ab.
Die Ergebnisse werden abschließend in der Gruppe diskutiert.

Konkretes Unterrichtsbeispiel:

Aufgabe zum Prozentrechnen:
Luka möchte sich ein Mofa kaufen. Er hat zwei Angebote:

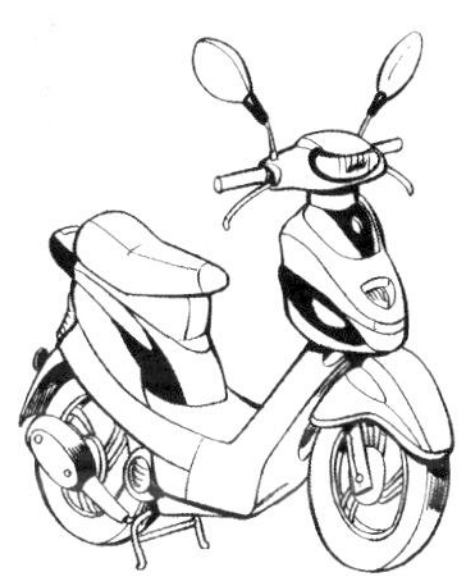

Angebot A:	Angebot B:
Anzahlung: 500 € 12 Raten à 40 € 2 Jahre Garantie	Barpreis: 980 € 2 % Skonto

Weiterführende Hinweise:

Bei einer Variante dieses Verfahrens behält jeder Schüler einen andersfarbigen Stift, während das Papier weitergereicht wird. So wird sichtbar gemacht, dass alle sich einbringen. Für die Gruppe und den Lehrer werden hiermit die individuellen Beiträge dokumentiert.
Die Methode kann arbeitsgleich (alle Gruppen erhalten die gleiche Aufgabe) oder arbeitsteilig (jede Gruppe erhält eine eigene Aufgabe) angewendet werden.

  20 Min.  

Werte strukturieren und ordnen
Werte übersichtlich darstellen

zu tabellierende Werte

Durchführung:

Tabellieren ermöglicht den Vergleich von Informationen. Tabellen bestehen aus einer Überschrift, Zeilen (waagrecht verlaufend) und Spalten (senkrecht verlaufend).
In den Zeilen der ersten Spalte steht, was miteinander verglichen wird (z. B. Länder, Tiere, Personengruppen).
In der Kopfzeile der folgenden Spalten steht, worauf sich die Vergleiche beziehen, z. B. Einwohnerzahl, Gewicht, Größe …
Es ist notwendig, Maßeinheiten und Bezugsgrößen anzugeben. Die Angaben in den Zeilen aller Spalten müssen immer diesen Maßeinheiten und Bezugsgrößen entsprechen, um direkt vergleichbar zu sein.

Konkretes Unterrichtsbeispiel:

Erstelle eine Tabelle zu folgenden Daten:
Gesetzlicher Urlaubsanspruch (in Tagen) und Feiertage (in Tagen) für folgende Länder:
Frankreich (30 / 10)
Litauen (28 / 13)
Großbritannien (28 / 8)
Polen (26 / 10)
Griechenland (25 / 12)
Ungarn (23 / 10)
Spanien (22 / 14)
Portugal (22 / 13)
Südafrika (21 / 12)
Deutschland (20 / 10)
Kanada (10 / 9)[3]

Land	Urlaubsanspruch (in Tagen)	Feiertage (in Tagen)

Weiterführende Hinweise:

Tabellen können zu vielen Themenbereichen angelegt werden.

[3] Werte aus http://www.rp-online.de/leben/beruf/urlaubstage-im-weltweiten-vergleich-bid-1.2121503 [Abruf 11.01.2022].

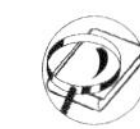

Werte ablesen
verbalisieren

Diagramm

Durchführung:

Die Schüler erhalten vom Lehrer ein Diagramm, aus dem sie Werte ablesen und diese in eine Tabelle eintragen sollen.

Konkretes Unterrichtsbeispiel:

Zwölf- bis 19-Jährige wurden im Jahr 2024 befragt, welche Geräte sie selbst besitzen.[4]
Eine Auswahl:

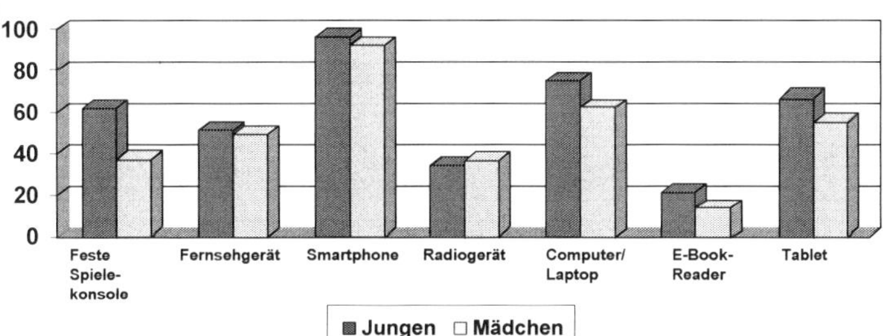

Trage die Daten aus dem Diagramm in die Tabelle ein:

Geräte	Jungen	Mädchen
Feste Spielekonsole		
Fernsehgerät		

Weiterführende Hinweise:

Wenn die Schüler geübt sind, brauchen sie keine vorgegebene Tabelle mehr. Sie können diese dann selbst erstellen.
Alternativ können Fragen, beispielsweise zum Ankreuzen (richtig oder falsch), zum Diagramm gestellt werden.

4 Zahlen nach JIM-Studie 2024 unter https://mpfs.de/app/uploads/2024/11/JIM_2024_PDF_barrierearm.pdf

10 Min.

Fehler erkennen und vermeiden können
kommunizieren und verbalisieren
argumentieren

vorbereitete Aufgaben

Durchführung:

Die vorbereiteten Arbeitsblätter enthalten Aufgaben mit Lösungsvorschlägen, in denen ein oder mehrere Fehler eingebaut sind.
Die Schüler sollen Fehler erkennen, beschreiben können und einen korrekten Lösungsweg angeben.

Konkretes Unterrichtsbeispiel:

Fehleraufgaben zum Bruchrechnen:

$\frac{4}{9} + \frac{5}{3} = \frac{9}{12} = \frac{3}{4}$

$\frac{4}{5} : \frac{5}{4} = \frac{5}{4} \cdot \frac{4}{5}$

$\frac{3}{4} \cdot \frac{5}{8} = \frac{6}{8} \cdot \frac{5}{8} = \frac{30}{8} = 3\,\frac{6}{8} = 3\,\frac{3}{4}$

$5\,\frac{5}{6} - \frac{5}{12} = \frac{30}{6} - \frac{5}{12} = \frac{60}{12} - \frac{5}{12} = \frac{55}{12} = 4\,\frac{7}{12}$

Weiterführende Hinweise:

Diese Methode kann auch gut in der Kopfrechenphase eingesetzt werden. Statt als Arbeitsblatt kann hier die Aufgabe auf Folie projiziert werden.
Die Fehlersuche kann auf viele Bereiche des Mathematikunterrichts angewendet werden – typisch sind z. B. Terme und Gleichungen.

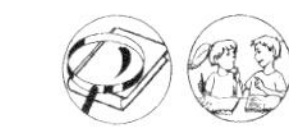

verbalisieren
Lösungswege vergleichen

Aufgaben / Zeitungsartikel

Durchführung:

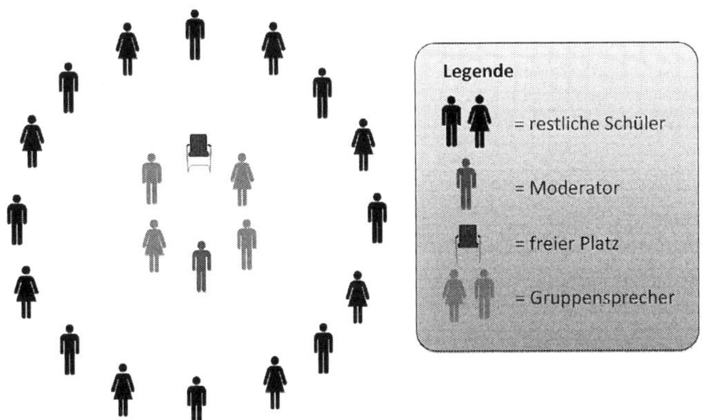

Nach der Arbeit in Kleingruppen entsendet jede Gruppe ein Mitglied in einen Kreis. Diese (vier bis fünf) Schüler und ein Moderator bilden den Innenkreis, alle anderen den Außenkreis.

Innerer Sitzkreis:

Die Schüler im Innenkreis stellen ihr jeweiliges Gruppenergebnis vor. Andere Gruppensprecher können die Beiträge ergänzen und kommentieren.

Äußerer Sitzkreis:

Die Schüler im Außenkreis hören zu und notieren Argumente. Damit das Zuhören und Mitmachen leichter fällt, erhalten sie einen konkreten Beobachtungsauftrag: Sie achten besonders darauf, ob die Aussagen ihres Gruppenmitglieds den Aussagen der Gruppenarbeit entsprechen.
Die Schüler im Außenkreis können selbst weitere Argumente einbringen, indem sie den leeren Sessel benutzen.

Leerer Sessel im Innenkreis:

Ein Sessel im Innenkreis ist für Schüler aus dem Außenkreis reserviert, die einen Beitrag zur Diskussion leisten möchten. Sie setzen sich kurz auf den freien Sessel, bringen ihre Argumente vor und kehren wieder auf ihren Platz zurück.

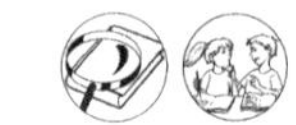

Der Moderator leitet die Diskussion. Bei ungeübten Klassen kann zunächst der Lehrer die Rolle des Moderators übernehmen.
Die Vorteile dieser Methode im Vergleich zu Einzelpräsentationen bei Gruppenarbeiten sind eine höhere Lebendigkeit sowie ein aktiver Austausch verschiedener Ansichten.

Konkretes Unterrichtsbeispiel:

Beispiel aus dem Bereich Prozentrechnen:

Die Schüler befassen sich mit Prozentrechnungen im praktischen Kontext zum Thema „Essstörungen". Sie interpretieren dabei verschiedene Zeitungsartikel und argumentieren in der Sprache der Mathematik.
Die Schüler erhalten verschiedene Zeitungsartikel zum Thema „Essstörungen", lesen diese in Einzelarbeit und markieren dabei die wichtigsten Inhalte. Anschließend treffen sich die Schüler, die denselben Zeitungsartikel haben, in einer Gruppe (ca. vier Schüler pro Gruppe).
Einige Informationen zum Thema Essstörungen werden vorweg genannt, um die Schüler besser zu motivieren.
Folgende Fragen / Hilfen werden den Schülern zur Auswertung an die Hand gegeben:

- Welche Informationen könnt ihr dem Zeitungsartikel entnehmen?
- Stellt die Aussagen zum besseren Verständnis grafisch (z. B. Prozentstreifen, Prozentkreis, Arbeitsblatt am Computer) dar.
- Achtet besonders auf den Grundwert.
- Was bedeutet z. B. „acht von hundert", was bedeutet „jeder Achte"?

Folgende Fragestellungen können die Grundlage der anschließenden Diskussion sein:

- Wie viele Kinder / Erwachsene leiden an Essstörungen?
- Wie ist die Verteilung der einzelnen Essstörungen?
- Wie ist die Verteilung von Frauen im Vergleich zu Männern?
- Welche Gefahren bergen Essstörungen?
- Wie viele Menschen sterben an Essstörungen?
- Was sagen Experten dazu?
- Wie könnte herausgefunden werden, ob die Aussagen auch auf die Schule zutreffen?

Weiterführende Hinweise:

Eine Fishbowl-Diskussion kann sowohl arbeitsgleich als auch arbeitsteilig erfolgen.

Alternativ kann man die Schüler auch zum Thema im Internet recherchieren lassen.

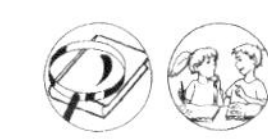

Wissen aktivieren
verbalisieren

vorbereitete Plakate

Durchführung:

Ein Thema wird in Unterthemen aufgeteilt, die jeweils auf einem Plakat notiert werden. Die Plakate werden an verschiedene Stellen im Klassenzimmer auf Tische gelegt. Jede Gruppe beginnt an einem Plakat und notiert mögliche Antworten. Nach einer festen Zeit wechselt jede Gruppe zum nächsten Plakat und ergänzt ihre Antworten. Es wird so lange gewechselt, bis jede Gruppe an jedem Plakat war. Jede Gruppe geht am Ende der Bearbeitungszeit zu ihrem Startposter, sichtet die Antworten, sortiert sie und wertet sie aus. Am Ende stellt die Gruppe das Endergebnis vor.

Konkretes Unterrichtsbeispiel:

Zusammenstellung eines Überblicks zum Thema lineare Funktionen:

1. Plakat: Geraden zeichnen
2. Plakat: Steigung von Geraden
3. Plakat: Senkrechte und parallele Geraden
4. Plakat: Nullstellen von Geraden
5. Plakat: Geraden aus zwei Punkten berechnen
6. Plakat: Liegt ein Punkt auf einer Geraden?
7. Plakat: Schnittpunkte von zwei Geraden

In diesem Beispiel soll die Klasse ihr Wissen zusammentragen. Die Schüler sollen jeweils auf den Plakaten notieren, was sie aus den Vorstunden zu den jeweiligen Überpunkten wissen.

Weiterführende Hinweise:

Gruppenposter können zu vielen weiteren mathematischen Themen erstellt werden.

3.4 Gruppenpuzzle

45 Min.

Lernstoff wiederholen
problemorientiertes Arbeiten im Team
Lösungen besprechen und reflektieren
Verantwortung übernehmen

vorbereitete Arbeitsaufträge für die Expertengruppen, evtl. Plakate

Durchführung:

Das Thema wird vom Lehrer z. B. in vier verschiedene Teilbereiche gegliedert. Entsprechend stark werden die Stammgruppen besetzt (im Beispiel vier Schüler je Stammgruppe). In der ersten Phase bilden sich die verschiedenen Stammgruppen (hier A–D) und jeder Schüler sucht sich einen der Teilbereiche als Expertengebiet aus (alternativ verteilt der Lehrer die Bereiche). Nun beginnt die zweite Phase, in der sich die Stammgruppen auflösen und in ihren Expertengruppen das Wissen des entsprechenden Teilbereichs erwerben. Diese Phase beginnt in der Regel mit einer Einzelarbeit. Danach werden die neuen Erkenntnisse in der Expertengruppe diskutiert und Kurzvorträge für die Stammgruppen vorbereitet. In der dritten Phase kommen die Experten in ihre Stammgruppen zurück und geben das Expertenwissen an ihre Mitschüler weiter. Jetzt kann noch eine weitere Phase folgen, in der die gesamten Ergebnisse in der Stammgruppe gesichert werden, z. B. in Form eines Plakates.

Phase 1:
Stammgruppenbildung und Wahl der Expertenthemen
Phase 2:
Wissenserwerb in den Expertengruppen
Phase 3:
Weitergabe des Expertenwissens in der Stammgruppe

Konkretes Unterrichtsbeispiel:

Vor den Abschlussprüfungen wird je eine Aufgabe zu den unterschiedlichen Themenbereichen des Jahresstoffes an eine Expertengruppe gestellt:

1. Lineare Funktionen
2. Parabeln
3. Wachstum
4. Kugel

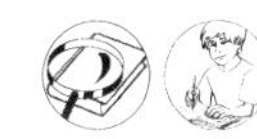

Hausaufgaben verbessern
präsentieren und verbalisieren

Folie

Durchführung:

Am Ende der Stunde wird ein Schüler bestimmt, der in der Folgestunde die Hausaufgabe auf Folie präsentiert. Dieser Schüler bereitet die Hausaufgabe zur Folgestunde entsprechend vor. Er übernimmt zu Stundenbeginn die Besprechung der Hausaufgabe und steht seinen Mitschülern für Nachfragen zur Verfügung.

Konkretes Unterrichtsbeispiel:

Tipps zur Erstellung und Präsentation einer Hausaufgabenfolie:

- Datum, Buchseite und Nummer angeben
- auf ein sauberes Schriftbild achten (groß und leserlich)
- verschiedene Farben verwenden
- Wichtiges hervorheben → Farbe, unterstreichen ...
- Was ist gegeben, was ist gesucht?
- Skizzen oder Bilder verwenden
- Formeln angeben / Rechenwege erklären
- Fachausdrücke verwenden und ggf. erklären
- Ergebnis unterstreichen / Antwortsatz formulieren
- laut und deutlich sprechen

Weiterführende Hinweise:

Bevor der erste Schüler an der Reihe ist, kann der Lehrer einige Hausaufgaben selbst auf Folie präsentieren und zwar in der Form, wie es später von den Schülern erwartet wird.

Bei geometrischen Aufgaben kann die Folie zur Überprüfung auch durch die Klasse gegeben werden.

Wissen überprüfen

vorbereitete Aussagen, Wortkarten „RICHTIG" und „FALSCH"

Durchführung:

Immer zwei Schüler setzen sich paarweise nebeneinander. Jedes Schülerpaar erhält eine Nummer. Vorne an der Tafel stehen zwei Stühle – einer mit der Wortkarte „RICHTIG", der andere mit der Wortkarte „FALSCH" versehen.
Der Lehrer trägt eine Aussage vor, die entweder richtig oder falsch ist. Dann ruft er das Paar auf, das gegeneinander antreten soll, z. B. „Nummer 8". Die beiden Schüler versuchen, sich so schnell wie möglich auf den „richtigen" Stuhl zu setzten, um so das Match für sich zu entscheiden. Wer zuerst richtig sitzt, bekommt einen Punkt. Wer sich auf den falschen Stuhl setzt, verliert einen Punkt.

Konkretes Unterrichtsbeispiel:

Verschiedene Aussagen zu Eigenschaften von Vierecken:
- Jede Raute hat vier 90°-Winkel. (f)
- Jedes Quadrat ist eine Raute. (r)
- Jede Raute ist ein Quadrat. (f)
- In einer Raute sind gegenüberliegende Winkel gleich groß. (r)
- In einem Parallelogramm sind nebeneinanderliegende Seiten gleich lang. (f)
- usw.

Weiterführende Hinweise:

Je älter die Schüler sind, desto schwieriger können die Aussagen sein.
Die Klasse kann auch in zwei Gruppen / Mannschaften eingeteilt werden. Die Paare müssen sich dann so zusammensetzen, dass je ein Partner aus einer Mannschaft kommt. So entsteht ein interessanter und lebendiger Teamwettbewerb zwischen den beiden großen Mannschaften.

Fehler finden
aus Fehlern lernen

verschiedene Aufgaben, die eine exakte Lösung haben

Durchführung:

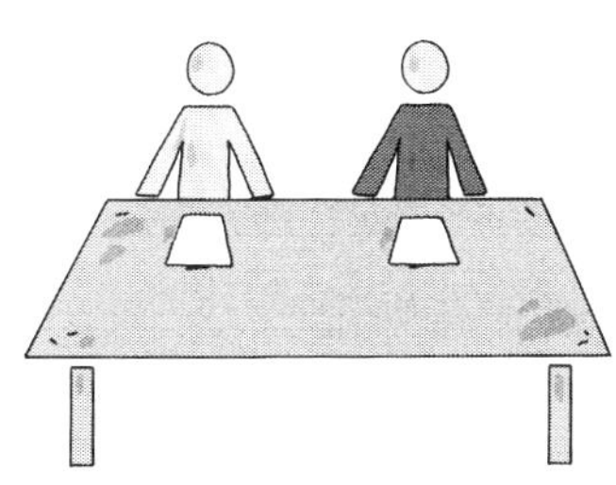

„Kontrolle im Tandem" ist eine Form, bei der die Schüler die Möglichkeit haben, ihre Arbeitsergebnisse nicht nur zu kontrollieren, sondern diese zum Anlass für weiteres Lernen zu nehmen.

Dabei wird auf folgende Weise vorgegangen:

Einzelarbeit: Die Schüler lösen die Aufgaben allein. Die Aufgaben sind so gestellt, dass sie eine eindeutige Lösung haben.
Kontrolle im Tandem: Je zwei Schüler vergleichen ihre Ergebnisse. Bei verschiedenen Ergebnissen müssen sie diese besprechen, noch einmal im Buch nachlesen, nachrechnen ...
Kontrolle im zweiten Tandem: Die Aufgaben, bei denen das Tandem auf keine gemeinsame Lösung gekommen ist, werden mit einem zweiten Tandem besprochen.
Besprechen in der Klasse: Der Lehrer bespricht nur die Antworten, bei denen mindestens zwei Tandems zu keiner eindeutigen, von allen getragenen Lösung gekommen sind.

Konkrete Unterrichtsbeispiele:

Diese Unterrichtsform eignet sich im Mathematikunterricht für sehr viele Themenbereiche.
Voraussetzung ist lediglich, dass es eine eindeutige, konkrete Lösung gibt.

- Prozentrechnen
- Grundrechenarten
- Gleichungen
- Flächen- und Volumenberechnungen
- Direkte und indirekte Proportionalität
- Lineare Gleichungen
- Quadratische Ergänzung
- usw.

im individuellen Arbeitstempo üben
Lösungen vergleichen und mit dem Partner besprechen

vorbereitete Übungsaufgaben

Durchführung:

Das Lerntempoduett ist eine Methode, die sich im Mathematikunterricht zum Üben, zur Wiederholung und Vertiefung eignet. Das Lerntempoduett wechselt zwischen Einzel- und Partnerarbeit. Der besondere Vorteil ist, dass der Schüler in der Einzelarbeitsphase in seinem eigenen Tempo in Ruhe an einer Aufgabe arbeiten kann. Anschließend finden sich jeweils zwei Schüler, die für die Erledigung der Aufgabe die gleiche Zeit benötigt haben, zur gemeinsamen Besprechung zusammen. Durch diese Methode wird den unterschiedlichen Arbeitsgeschwindigkeiten der Lernenden Rechnung getragen. Bei einem Lerntempoduett können sich die Schüler die Zeit selbst einteilen. Alle leisten so viel, wie sie können, und brauchen keine Angst zu haben, nicht rechtzeitig fertig zu werden.

Konkretes Unterrichtsbeispiel:

Ein Lerntempoduett kann zu allen Themenbereichen angelegt werden. Der Lehrer bereitet hierfür mehrere Aufgaben vor.
Besonders eignet sich die Methode als Vorbereitung auf einen Test.

Weiterführende Hinweise:

Die Schüler profitieren davon, wenn sie mit jemandem zusammenarbeiten, der für die Arbeit genauso lange benötigt wie sie selbst, und sollten nicht darauf warten, dass ihre Freunde mit der Einzelarbeit fertig werden.
Der Lehrer hat bei dieser Methode die Möglichkeit, einzelne Schüler individuell zu fördern. Da parallel Rede- und Arbeitszeiten stattfinden, ist unbedingt darauf zu achten, dass der Geräuschpegel nicht zu stark ansteigt.

45 Min.

3.8 Lerntempoduett

Lerntempoduett

Wie macht man das?

1. Du liest dir die Aufgabe durch.

Du bekommst mehrere Aufgaben. Sieh sie dir in Ruhe an. Beginne dann mit deiner Arbeit.

2. Du bearbeitest die erste Aufgabe.

Arbeite ruhig und konzentriert. Wenn du mit deiner Arbeit fertig bist, hakst du die Aufgabe ab.

3. Du stehst auf und suchst dir einen Partner.

Wer fertig ist, steht leise auf und blickt sich in der Klasse um. Mitschüler, die zur gleichen Zeit fertig sind, stehen auch auf. So kannst du einen Arbeitspartner finden.

4. Gemeinsam besprecht ihr die erste Aufgabe.

Ihr setzt euch gemeinsam an eine freie Stelle im Klassenzimmer und vergleicht die Ergebnisse eurer Arbeit. Ihr überprüft, ob ihr ein gleiches oder ähnliches Ergebnis habt, und helft euch gegenseitig, wenn Fehler gemacht wurden. Wenn ihr mit eurer Besprechung fertig seid, geht jeder von euch wieder an seinen Platz.

5. Du arbeitest in gleicher Weise weiter.

Du bearbeitest nun die nächste Aufgabe. Wenn du fertig bist, stehst du wieder auf und suchst dir erneut einen Partner. Diesmal muss es allerdings eine andere Person sein als beim ersten Durchgang.

individuelles Üben und Wiederholen

vorbereitete Stationen (Arbeitsaufträge und Material)

Durchführung:

Die Methode ist eng mit dem Stationenlernen verwandt. Wie auch beim Lernen an Stationen wird dabei ein Thema in mehrere Teilaufgaben untergliedert und den Schülern zur selbstständigen Bearbeitung angeboten. Anders als beim Stationenlernen müssen hier jedoch die Stationen in einer bestimmten Reihenfolge und Zeit bearbeitet werden. Der Lehrer bereitet (nummerierte) Stationen vor, die verschiedene Lerntypen ansprechen. Die Schüler durchlaufen den Lernzirkel in einer vorgegebenen Reihenfolge und Richtung. Ein Zeitwächter achtet darauf, dass im Takt (z. B. nach acht Minuten) gewechselt wird.

Konkretes Unterrichtsbeispiel:

Themen für einen Lernzirkel zum Prozentrechnen:

- Prozentanteile einfärben
- Prozentanteile ablesen
- Prozentquartett
- tabellarische Aufgaben
- Textaufgaben
- Prozentsätze im Kreisdiagramm darstellen

%

Weiterführende Hinweise:

Eine andere Methode, die dem Stationenlernen und Lernzirkel sehr ähnlich ist, ist die sogenannte „Lerntheke".
Hier werden unterschiedliche Materialien zu einem Thema nebeneinander (an einer Theke) platziert. Die Aufgaben und Materialien sollten vielfältige Aspekte eines Themas ansprechen und unterschiedliche Schüleraktivitäten anregen. Auswahl und Reihenfolge der Bearbeitung bleibt freigestellt. Eventuell werden einige Pflichtaufgaben verbindlich festgelegt.

5 Min.

Wissen überprüfen
Rechenfertigkeit überprüfen

vorbereitete Multiple-Choice-Aufgaben

Durchführung:

Der Lehrer bereitet ein Arbeitsblatt / eine Folie mit verschiedenen Multiple-Choice-Fragen vor. Zu den gestellten Fragen gibt es jeweils mehrere Antwortmöglichkeiten zum Ankreuzen, aus denen in einer vorgegebenen Zeit die richtige(n) ausgewählt werden soll(en).
Es sind verschiedene Frage- / Antworttypen möglich:

- mehrere Antworten zur Auswahl, eine ist richtig;
- mehrere Antworten zur Auswahl, mehrere sind richtig.

Konkretes Unterrichtsbeispiel:

Multiple-Choice-Aufgaben zum Thema Teiler und Vielfache:

Die folgende Zahl ist ein gemeinsamer Teiler von 16 und 24: ☐ 3 ☐ 4 ☐ 6 ☐ 8	Die folgende Zahl ist ein gemeinsames Vielfaches von 3 und 7: ☐ 14 ☐ 21 ☐ 28 ☐ 42
Die folgende Zahl ist ein gemeinsamer Teiler von 30 und 48: ☐ 3 ☐ 5 ☐ 6 ☐ 8	Die folgende Zahl ist ein gemeinsames Vielfaches von 4 und 6: ☐ 12 ☐ 18 ☐ 40 ☐ 44

Weiterführende Hinweise:

Multiple-Choice-Aufgaben können zu fast allen Themenbereichen erstellt werden. Es ist auch möglich, die Multiple-Choice-Fragen zu benoten oder in Tests einzubauen.
Durch Erstellen einer Lösungsfolie / -schablone können diese Aufgaben sehr schnell korrigiert werden.

Lösungsideen entwickeln
verbalisieren
Lösungswege dokumentieren, kommentieren, nachvollziehen und vergleichen

vorbereitete Aufgaben

Durchführung:

Der „Sesseltanz" ist eine Methode des dialogischen Lernens. Beim Sesseltanz führen die Schüler einen schriftlichen Dialog über ihre Gedanken und Ideen zu einer Fragestellung.
Zunächst schreiben die Schüler ihre Ideen zu einer offen formulierten Fragestellung in Einzelarbeit auf. Dabei geht es zunächst nicht um die richtige Beantwortung, sondern um eine individuelle Auseinandersetzung mit der Frage. Wenn alle Schüler ihre Gedanken notiert haben, werden die Plätze getauscht, wobei die Notizen am Platz liegen bleiben und dort von einem Mitschüler gelesen und mit einer Rückmeldung versehen werden. Je nach Zeitbudget und Aufgabe kann es auch mehrere Runden geben.
In einer abschließenden Gesprächsrunde (z. B. im Stuhlkreis) werden die Ergebnisse und die Rückmeldungen im Klassenplenum besprochen. Der Lehrer moderiert das Gespräch.

Konkretes Unterrichtsbeispiel:

Fermi-Aufgabe:
Wie viele Treppenstufen steigst du insgesamt in einem Schuljahr in der Schule hoch?
Wie hoch wäre so ein Berg?

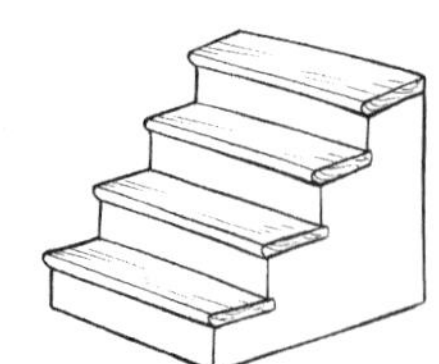

Weiterführende Hinweise:

Der Sesseltanz kann für viele Themenbereiche angewendet werden. Besonders eigenen sich Fermi-Aufgaben zur Anwendung dieser Methode.
Der Sesseltanz kann auch mit der Methode Placemat kombiniert werden.

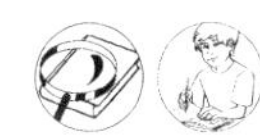

Wissen differenziert vertiefen
Lernstoff selbstständig erarbeiten / üben / anwenden
individuelles Üben

vorbereitete Stationen (Arbeitsaufträge und Material)

Durchführung:

Bei der Stationenarbeit handelt es sich um eine Form des offenen Unterrichts. Ziel dieser Methode ist es, dass die Schüler ein bestimmtes Thema überwiegend selbständig an mehreren im Klasenraum aufgebauten Stationen erarbeiten, üben oder anwenden.

Jede Station enthält bestimmte Teilaspekte eines übergeordneten Lernthemas sowie Materialien und Arbeitsanleitungen. Die Reihenfolge der Bearbeitung und die Verweildauer an jeder Station sind den Lernenden freigestellt. Auf diese Weise können sie ihren Lernweg entsprechend ihren Interessen und bereits vorhandenen Kenntnissen selbst lenken. Haben die Schüler eine Station bearbeitet, kontrollieren sie die Ergebnisse, erhalten Rückmeldung und wechseln zu einer neuen Station. Dabei kann in Wahl- und Pflichtstationen unterschieden werden. Für besonders leistungsstarke Schüler können eventuell Zusatzstationen eingerichtet werden.

Konkretes Unterrichtsbeispiel:

Themen für ein Stationenlernen zum Thema Winkel:

- Winkel schätzen und messen
- Winkel auf dem Geobrett
- Winkel mit der Winkelscheibe messen (inkl. Bastelbogen)
- Lückentext
- Winkelgrößen zeichnen

Weiterführende Hinweise:

Die Methode Stationenlernen zeichnet sich besonders dadurch aus, dass sie durch die Art, die Auswahl und Aufbereitung des Lernstoffes eine Vielzahl möglicher Zugänge zum Lernstoff ermöglicht. Stationenlernen kann in Einzelarbeit oder in kleineren Gruppen erfolgen.

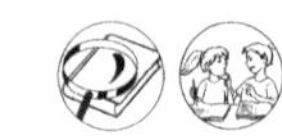

3.13 Stille Post

eigene Aufgaben entwickeln
Terme aufstellen
verbalisieren

vorbereitete Arbeitsaufträge

Durchführung:

Siehe Unterrichtsbeispiel.

Konkretes Unterrichtsbeispiel:

Stille Post

Schreibe den Rechenterm zu der Aufgabe auf. Knicke anschließend das Blatt so, dass nur dein Term zu lesen ist. Gib das Blatt deinem Nachbarn. Dieser soll den Term in eine Sachaufgabe verwandeln. Dieser knickt das Blatt wieder und gibt dann den Text seinem Nachbarn, der daraus wieder einen Term bilden soll usw.

Maja kauft ein Mischbrot für 3,70 €, 3 Brezen für 2,85 € und 4 Brötchen für je 0,60 €.

Term: ______________________________

Sachaufgabe: ______________________________

____

____

____

Term: ______________________________

Sachaufgabe: ______________________________

____

____

3.14 Tandemaufgabe

selbst Aufgaben zu einem bestimmten Thema entwickeln
Lösungsstrukturen entwickeln
Aufgaben lösen
verbalisieren

Mathematikheft, ggf. Taschenrechner

Durchführung:

Jeder Schüler entwickelt eine bestimmte Anzahl von Aufgaben mit Lösungen zu einer bestimmten Vorgabe und gibt sie seinem Partner.
Dieser löst sie. Anschließend überprüfen die Partner gegenseitig die Lösungen und diskutieren Probleme und Entdeckungen.

Konkretes Unterrichtsbeispiel:

Arithmetisches Mittel:

1. Erstelle mindestens drei Aufgaben, bei denen das arithmetische Mittel einer vorgegebenen Datenreihe berechnet werden soll. Das Ergebnis soll bei allen Aufgaben gleich sein.
2. Tausche deine Aufgaben mit denen deines Partners aus und errechne jeweils das arithmetische Mittel der Datenreihen.
   Zum Nachdenken: Hat er/sie es geschafft, dass alle Datenreihen das gleiche arithmetische Mittel haben? Korrigiert die Datenreihen gegebenenfalls.
3. Besprecht anschließend eure Bearbeitungen und helft einander, wo es erforderlich ist. Überlegt zusammen, wie man ganz einfach möglichst viele verschiedene Datenreihen mit demselben arithmetischen Mittel finden kann.

Weiterführende Hinweise:

Tandemaufgaben können zu vielen mathematischen Themenbereichen erstellt werden, z. B.:

- Gleichungen
- Umfang und Flächeninhalt von Rechtecken
- Prozentrechnung
- Zuordnungen
- usw.

10–15 Min.

Lösungswege erarbeiten
verbalisieren
verschiedene Lösungswege vergleichen

vorbereitete Aufgabe

Durchführung:

Eine Frage / ein Problem / eine Aufgabe wird der gesamten Klasse gestellt.

Think: Individuelles Arbeiten
Die Schüler machen sich eigenständig mit dem Thema bekannt. Sie aktivieren ihr Vorwissen, entwickeln Ideen und Lösungsstrategien. Dabei dürfen sie nicht mit ihren Mitschülern sprechen. So erkennen sie auch ihre persönlichen Schwächen und Lücken.

Pair: Lernen mit dem Partner
Die Schüler tauschen sich im Partnergespräch über ihre Lösungen aus. Die Partner fragen bei Bedarf nach, helfen sich gegenseitig bei der Klärung offener Fragen und diskutieren strittige Punkte. Gemeinsam arbeiten sie an der Optimierung des Lösungsweges.

Share: Kommunikation in der Klasse
Die Resultate werden im Klassenplenum präsentiert und diskutiert. Aus den Beiträgen aller wird ein gemeinsames Ergebnis erarbeitet.

Konkretes Unterrichtsbeispiel:

Lösen von Gleichungssystemen:
Julias Vater ist heute viermal so alt wie Julia. In 16 Jahren ist Julia halb so alt wie ihr Vater.
Wie alt sind Julia und ihr Vater?

Weiterführende Hinweise:

Zwischen Pair und Share kann noch die Phase „Square" eingeschoben werden, um Ergebnisse zunächst im kleinen Kreis vorzustellen. Dies kann Hemmschwellen bei der Präsentation im Plenum abbauen: Jeweils zwei Partnergruppen gleichen ihre Ergebnisse ab und einigen sich auf eine gemeinsame Präsentation.

üben und wiederholen
individuelle Aufgaben bearbeiten
eigenverantwortliches Arbeiten

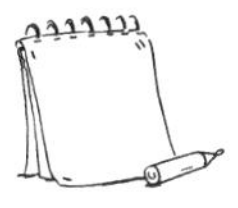

individueller Plan mit Aufgabenstellungen

Durchführung:

In der Wochenplanarbeit erhalten die Schüler einen schriftlichen, möglichst individuellen Plan mit Aufgabenstellungen, die innerhalb der darauffolgenden Woche oder einem vereinbarten Zeitraum eigenverantwortlich bearbeitet werden. Wochenplanarbeit ist in der Regel fächerübergreifend organisiert.
Auch der Mathematiklehrer stellt entsprechende Aufgaben / Lerngelegenheiten bereit. In den (idealerweise täglich) ausgewiesenen Stunden wählen und bearbeiten die Schüler Aufgaben aus den beteiligten Fächern. Erledigte Aufgaben werden abgezeichnet.

Konkretes Unterrichtsbeispiel:

Pflichtaufgaben → ein MUSS für jeden
Wahlaufgaben → mindestens eine Aufgabe muss gewählt werden
Zusatzaufgaben → für besonders Interessierte / Fleißige

Aufgaben	erledigt	Kontrolle
Bearbeite folgende Aufgaben im Buch: S. 23 / 4, 5 Trimm-dich-Runde, S. 25		
Wähle zwischen den beiden Angeboten auf dem Materialtisch: – grünes Arbeitsblatt (leicht) – gelbes Arbeitsblatt (mittel)		
<u>Für besonders fitte Rechner:</u> Hole dir die Knobelaufgabe (blau) am Materialtisch.		

Weiterführende Hinweise:

Die Überprüfung der Wochenplanarbeit kann in Selbst- oder Fremdkontrolle erfolgen. Durch die Öffnung des Unterrichts verändert sich die Lehrerrolle. Zum guten Gelingen der Wochenplanarbeit sind Rituale und Regeln sehr wichtig.

Feedback / Reflexion
optische Rückmeldung zur Unterrichtsstunde / -einheit

je Schüler 3 Karten (grün, gelb, rot)

Durchführung:

Jeder Schüler erhält einen Kartensatz mit drei Karten (grün, gelb, rot), mit denen er schnell sein Feedback abgeben kann.
Die Schüler werden aufgefordert, ihre Meinung mitzuteilen, indem sie die entsprechende Karte hochhalten. Dabei darf nicht gesprochen werden.
Die Meinungen werden an der Tafel notiert und anschließend im Plenum besprochen.

Konkretes Unterrichtsbeispiel:

Am Ende einer Übungsstunde wird folgende Abfrage gestellt:

grün	Ich habe das sehr gut gekonnt. Ich konnte die meisten Aufgaben richtig lösen.
gelb	Ich bin mittelmäßig zufrieden. Ich konnte einige der Aufgaben richtig lösen.
rot	Ich habe noch Schwierigkeiten. Ich brauchte bei vielen Aufgaben Hilfe.

Weiterführende Hinweise:

Diese Methode kann für viele Bereiche im Mathematikunterricht verwendet werden.
Man kann damit abfragen, wie gut die Schüler die Aufgaben bearbeiten konnten – man kann aber auch abfragen, wie eine bestimmte Methode die Schüler angesprochen hat oder ob die Schüler denken, das Übungspensum sei für sie schon ausreichend.

 10 Min.

Stärken und Schwächen des Unterrichts erkennen
Verbesserungsmöglichkeiten feststellen

vorbereiteter Feedbackbogen

Durchführung:

Für jeden Lehrer ist es wichtig, regelmäßig Rückmeldung von seinen Schülern zu erhalten. Dazu kann ein Feedbackbogen wie im Beispiel herangezogen werden. Er verdeutlicht, welche Stärken und Schwächen der Unterricht hat und was verbessert werden kann. Es ist wichtig, dass die Feedbackbögen ernst genommen werden und die Abfrage anonym verläuft.

Konkretes Unterrichtsbeispiel:

Feedbackbogen für meinen Mathematiklehrer ______________________:

Mein Mathematiklehrer …	☺☺	☺	😐	☹
… ermutigt mich zur Mitarbeit.				
… kontrolliert meine Hausaufgaben.				
… gibt mir klare Rückmeldungen.				
… sagt mir, wie ich mich verbessern kann.				
… ist fair und gerecht.				
… beachtet das Einhalten von Regeln.				
… kann gut erklären.				
… macht einen interessanten Unterricht.				
… bringt Abwechslung in den Unterricht.				
… ist gut vorbereitet.				
Im Unterricht …				
… wird genug geübt und wiederholt.				
… lerne ich viel.				

Weiterführende Hinweise:

Die im Beispielbogen aufgeführten Kriterien können individuell verändert oder erweitert werden.

Stärken und Schwächen erkennen
Verbesserungsmöglichkeiten feststellen

vorbereiteter Feedbackbogen

Durchführung:

Dieser Feedbackbogen verdeutlicht, welche Stärken und Schwächen die Wochenplanarbeit hat und was daran verbessert werden kann. Es ist wichtig, dass die Rückmeldungen der Schüler ernst genommen werden. So lässt sich die Wochenplanarbeit im Mathematikunterricht gemeinsam weiterentwickeln und optimieren.

Konkretes Unterrichtsbeispiel:

Feedbackbogen zur Wochenplanarbeit in Klasse ______________:

Name:	☺☺	☺	😐	☹
Mir gefällt die Wochenplanarbeit in Mathematik.				
Es gibt interessante Lernangebote zur Auswahl.				
Die Menge der Aufgaben ist angemessen.				
Die Aufgaben sind weder zu leicht, noch zu schwer.				
Ich schaffe meine Aufgaben selbstständig.				
Ich erhalte genug Hilfe beim Lernen.				
Ich möchte mehr freie Aufgaben gestellt bekommen.				
Ich erhalte ausreichend Leistungsrückmeldungen.				
In der Wochenplanarbeit lerne ich konzentriert.				
Bei der Wochenplanarbeit ist es oft laut.				

Das ist nötig, damit die Wochenplanarbeit für mich noch besser wird:	
Das würde ich verbessern:	

Weiterführende Hinweise:

Die im Beispielbogen aufgeführten Kriterien können individuell verändert oder erweitert werden.

Reflexion / Feedback

keine Materialien nötig

Durchführung:

Die Fünf-Finger-Feedback-Methode ist sehr praktisch, da sie ohne Materialien schnell durchführbar ist. Trotzdem kann mit dieser Methode ein sehr differenziertes Feedback gewonnen werden. Die Schüler sollen sich am Ende einer Unterrichtseinheit oder Methode folgendermaßen äußern:

Daumen	Das fand ich super! Besonders gut gefallen hat mir …
Zeigefinger	Darauf möchte ich hinweisen … Das ist mir aufgefallen …
Mittelfinger	Das hat nicht so gut geklappt … Das hat mir gar nicht gefallen …
Ringfinger	Das nehme ich mit … So habe ich mich gefühlt …
kleiner Finger	Das ist zu kurz gekommen … Das müssen wir noch weiter üben …

Konkretes Unterrichtsbeispiel:

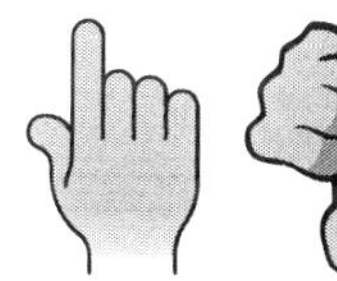

Nach dem Arbeiten mit der Gruppenpuzzle-Methode kann folgendermaßen vorgegangen werden:

Daumen	Man war viel mehr gefordert als bei einer normalen Gruppenarbeit.
Zeigefinger	Das gegenseitige Erklären bringt sehr viel.
Mittelfinger	Nicht jeder von uns kann gleich gut erklären.
Ringfinger	Ich war sehr aufgeregt, als ich erklären musste.
kleiner Finger	Ich hätte gerne einen Hefteintrag, einen Merksatz oder eine Anleitung, mit dem / der ich zu Hause arbeiten kann.

Weiterführende Hinweise:

Auf welche Art das Feedback abgerufen wird, variiert nach Zeitrahmen und Differenzierung. Am einfachsten ist es, wenn sich die Schüler reihum äußern.

eigene Stärken und Schwächen erkennen
Verbesserungsmöglichkeiten feststellen

vorbereiteter Selbsteinschätzungsbogen

Durchführung:

Für jeden Lehrer ist es wichtig, regelmäßig Rückmeldung von seinen Schülern zu erhalten. Dazu kann ein Feedbackbogen wie im Beispiel herangezogen werden. Er zeigt dem Schüler, welche Stärken und Schwächen er zum Themenbereich noch hat und woran er noch arbeiten kann / muss.

Konkretes Unterrichtsbeispiel:

Selbsteinschätzungsbogen zum Thema Parabeln:

Name:	☺☺	☺	😐	☹
Ich kann Parabeln zeichnen und die Zeichnung auswerten.				
Ich kann Parabeln aus gegebenen Angaben berechnen.				
Ich kann den Scheitelpunkt einer Parabel berechnen.				
Ich kann die Nullstellen von Parabeln berechnen.				
Ich kann den Schnittpunkt von einer Parabel und einer Geraden berechnen.				
Ich kann den Schnittpunkt von zwei Parabeln berechnen.				

Weiterführende Hinweise:

Die im Beispielbogen aufgeführten Kriterien können individuell verändert oder erweitert werden.
Auch der Lehrer füllt ebenfalls einen Bogen für jeden Schüler aus. In einem individuellen Lernstandsgespräch vergleichen Lehrer und Schüler ihre jeweiligen Ergebnisse. Gegebenenfalls werden daraus resultierende Lernzielvereinbarungen schriftlich festgehalten.

4.6 Zielscheibe

5–10 Min.

Reflexion

Plakat, Tafel, Klebepunkte

Durchführung:

Mithilfe der Methode Zielscheibe können die Schüler Rückmeldung zu einer vorangegangenen Arbeitsphase geben. Die Zielscheibe wird auf einem Plakat oder der Tafel aufgemalt. Zur Bewertung der Themen müssen anschließend – wie bei einer Dartscheibe – Kreise eingezeichnet werden, die die Skalierung darstellen. Eine mögliche Skalierung lautet:

- Innenkreis: grün = sehr zufrieden
- mittlerer Kreis: gelb = weniger zufrieden
- äußerer Kreis: rot = nicht zufrieden

Es können auch andere Skalierungen gewählt werden, jedoch sollte die Mitte der Zielscheibe immer den positivsten Bereich, im Sinne eines Volltreffers beim Dart, darstellen. Die Schüler bekommen Klebepunkte oder Stifte, um jeweils einen Punkt in jedem Segment zu markieren. Je näher sie sich zur Mitte der Zielscheibe positionieren, umso positiver bewerten sie das abgefragte Thema. Wenn alle ihre Markierungen gemacht haben, sollte über das Gesamtergebnis gesprochen werden, da bei der Abfrage ein Stimmungsbild der Gruppe erstellt wird, welches nicht das „warum" beantwortet. Der Lehrer moderiert.

Konkretes Unterrichtsbeispiel:

Die Methode ist im Mathematikunterricht vielseitig einsetzbar, z. B. am Ende eines Stationentrainings oder einer Unterrichtseinheit.

Weiterführende Hinweise:

Die subjektiven Einschätzungen der einzelnen Schüler können anonym auf der Zielscheibe angegeben werden. Das Gesamtergebnis kann somit auf einen Blick betrachtet werden und bietet so die Möglichkeit einer gemeinsamen Besprechung.

5.1 Analogieprinzip

10 Min.

kombinierendes Denken
Strategien finden
Wissen auf neue Situation anwenden

analoge Aufgabe zur Einstimmung
vorbereitete „aktuelle" Aufgabe
ggf. Anschauungsmaterial

Durchführung:

Beim Analogieprinzip werden Übereinstimmungen in gewissen Beziehungen zwischen aktuellen und früheren Situationen hergestellt. Für das Lösen der Aufgabe wird die Lösung einer einfacheren „verwandten" Aufgabe benutzt.

Dazu ist es sinnvoll, als Einstimmung eine bereits bekannte analoge Aufgabe zu verwenden, welche die Schüler bereits lösen können. Darauf aufbauend wird im Anschluss die „neue" Aufgabe präsentiert, die analog gelöst werden kann.

Folgende Fragen / Impulse bieten sich hierbei an:

- *Hast du schon einmal eine ähnliche Aufgabe gelöst? Wenn ja, gehe analog vor.*
- *Suche nach einer analogen Aufgabe, die sich vermutlich leichter lösen lässt. Übertrage die Lösungsidee auf die eigentliche Aufgabe.*

Konkretes Unterrichtsbeispiel:

Berechnen der Diagonale basierend auf der Berechnung von rechtwinkligen Dreiecken (Pythagoras):

1. Schritt:
Flächendiagonale (d_F) berechnen

2. Schritt:
Raumdiagonale (d_R) berechnen

Weiterführende Hinweise:

Das Analogieprinzip kann in vielen Themenbereichen angewendet werden. Beispiele hierzu sind:

- 500 + 300 folgt aus 5 + 3 (· 100).
- Subtraktion von Brüchen erfolgt → Addition von Brüchen.

  5 Min.  

mit Zahlen umgehen
Strategien finden

Folie mit Blumen und Arbeitsaufträgen, schnelle Skizze an der Tafel

Durchführung:

Bei „Blumenstrauß" geht es darum, aus vorgegebenen Ziffern Zahlen mit bestimmten Eigenschaften zu erstellen. Die Schüler sollen zum Lösen der Aufgabe eine Strategie finden.

Konkrete Unterrichtsbeispiele:

1. Die Zahl besteht aus den 5 Ziffern, die jeweils in den Köpfen der Blumen stehen.
   Ordne alle 5 Blumen so an, dass die entstehende Zahl **mit** Umstellung …
   a) … möglichst klein ist.
   b) … möglichst groß ist.
   c) … möglichst nah an 50 000 liegt.

2. Die Zahl besteht aus den 5 Ziffern, die jeweils in den Köpfen der Blumen stehen. Doch leider sind 2 Blumen verwelkt. Streiche deshalb jeweils 2 Ziffern so, dass die Restzahl **ohne** Umstellung …
   a) … möglichst klein ist.
   b) … möglichst groß ist.
   c) … möglichst nah an 300 liegt.

Weiterführende Hinweise:

Die Methode kann um beliebig viele Blumen / Ziffern erweitert werden. Beispiel 2 kann auch „mit Umstellung" durchgeführt werden.

kombinieren
Strategien entwickeln

Folie mit Arbeitsaufträgen, Arbeitsaufträge an die Tafel schreiben

Durchführung:

Bei dieser Methode geht es hauptsächlich darum, Zusammenhänge clever zu kombinieren und eine Strategie zu entwickeln, die dabei hilft, die Aufgaben möglichst schnell und geschickt zu lösen.

Konkretes Unterrichtsbeispiel:

Kalendergeschichten:

Der 1. September ist ein Donnerstag.
a) Wie viele Sonntage hat der September?
b) Welcher Wochentag ist der 17. September?

Der 2. Januar ist ein Sonntag.
a) Wie viele Sonntage hat der Januar?
b) Welcher Wochentag ist der 6. Januar?

Der 1. Juli ist ein Freitag.
a) Wie viele Sonntage hat der Juli?
b) Welches Datum hat der erste Mittwoch im Juli?

Weiterführende Hinweise:

Zu dieser Methode kann eine Vielzahl von Aufgaben gestellt werden. Viele davon können auch spontan eingesetzt werden. Dabei ist es hilfreich, wenn der Lehrer einen Kalender zur Hand hat.

Elke Königsdorfer: 55 Methoden Mathematik

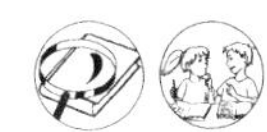

erworbenes Wissen reproduzieren
problemorientiertes Lösen

vorbereitetes Rätsel

Durchführung:

Rätsel können konkrete Lernziele mit dem Spielbedürfnis der Schüler verknüpfen. Der Ausgangspunkt ist ein Problem, das mithilfe eines richtigen Einfalls oder einer richtigen Schlussfolgerung bearbeitet bzw. gelöst werden kann. Die Probleme sind meist so verortet, dass Denken, Vorstellung und Handeln miteinander verwoben sind und gleichzeitig aktiviert werden müssen, um die Lösung zu erkennen.

Konkrete Unterrichtsbeispiele:

Geometrisches Rätsel:
Ein Bauer möchte eine Kuh so auf der Wiese anbinden, dass sie genau einen Halbkreis abfressen kann. Er hat aber nur 3 Pflöcke sowie 2 lange Seile zur Verfügung. Wie muss er die Kuh festbinden?

Zahlentheoretisches Rätsel:
Die Kinder des Kindergartens Sonnenschein werden aufgefordert, sich in Dreierreihen aufzustellen. Da 2 Kinder übrig bleiben, ordnet die Erzieherin an, sie sollen sich in Viererreihen aufstellen. Wieder bleiben 2 Kinder übrig und die Erzieherin lässt nun die Kinder in Fünferreihen aufstellen. Jetzt geht es auf. Wie viele Kinder besuchen den Kindergarten?

Weiterführende Hinweise:

Die Einsatzmöglichkeiten für Rätsel sind breit gefächert: Sie können u. a. als Stundeneinstieg oder zur Veranschaulichung eines Sachverhalts dienen.

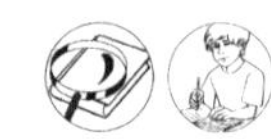

5–10 Min.

räumliches Vorstellungsvermögen
kombinierendes Denken

Folie mit Arbeitsauftrag, Würfel

Durchführung:

Die Schüler sollen den Weg des Würfels nachvollziehen. Dazu ist es wichtig zu wissen, dass die gegenüberliegenden Seiten eines Würfels immer die Augensumme 7 haben. Der Schüler verfolgt den Weg des Würfels mit seiner räumlichen Vorstellungskraft.

Konkretes Unterrichtsbeispiel:

Welche Zahl liegt oben, wenn du den Würfel dem eingezeichneten Weg folgend kippst?

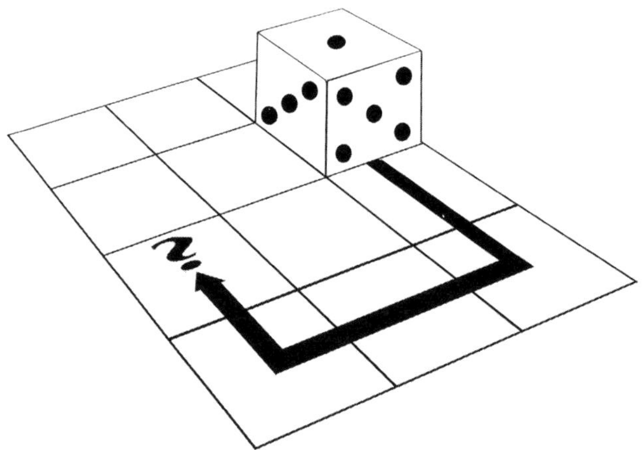

Weiterführende Hinweise:

Die Aufgabe kann beliebig variiert werden. Zur Veranschaulichung kann ein Würfel herangezogen werden.
Schwächeren Schülern kann ein Würfel als Hilfsmittel zur Verfügung gestellt werden.

5 Min.

kombinieren
problemlösendes Denken

vorbereitetes Rätsel an der Tafel

Durchführung:

Eine spezielle Form des mathematischen Rätsels ist die Alphametik, bei der es darum geht, eine Gleichung zu rekonstruieren, bei der Ziffern durch Buchstaben ersetzt wurden. Üblicherweise wird dabei jede Ziffer durch einen Buchstaben repräsentiert. Eine Alphametik kann unterhaltsam sein, wenn die Buchstaben zusätzlich Wörter formen.

Konkretes Unterrichtsbeispiel:

Löse die Alphametik.

Regeln:

- Jedem Buchstaben wird genau eine Ziffer (0, 1, 2, 3, 4, 5, 6, 8 und 9) zugeordnet.
- Jede Ziffer darf nur einmal vorkommen.

Weiterführende Hinweise:

Eine Abwandlung davon sind Symbolrätsel. Da stehen anstelle von Buchstaben Symbole für die Ziffern.

6.2 Magisches Quadrat

Kopfrechnen
logisches Denken
kombinieren

vorbereitete magische Quadrate (Kopiervorlage oder Folie)

Durchführung:

Ein magisches Quadrat ist eine bestimmte Anordnung von Zahlen nach festgelegten Regeln.
Durch logisches Denken und Kombinieren können die Schüler die leeren Felder des Quadrats ausfüllen.

Konkretes Unterrichtsbeispiel:

Bei einem magischen Quadrat ist die Summe beim Addieren in jeder Zeile, Spalte und Diagonale gleich. Das Ergebnis ist die sogenannte magische Zahl des magischen Quadrats:

		1,8
		0,3
0,6		

Magische Zahl: 3,6

1,3		
1,5		1,7
2,0		

Magische Zahl: ____

Weiterführende Hinweise:

Die magischen Quadrate können in ihrer Schwierigkeit variieren.
Es besteht auch die Möglichkeit, die Schüler eigene magische Quadrate entwickeln zu lassen. Diese können anschließend den Mitschülern zum Lösen vorgelegt werden.
Bei magischen Quadraten gibt es eine Vielzahl an Abwandlungen:

- Erweiterung: 4 x 4-Quadrat, 5 x 5-Quadrat ...
- magisches Quadrat, bei dem nicht die Summen, sondern die Produkte jeder Zeile, Spalte und Diagonale gleich sind
- magischer Würfel, magischer Stern, magischer Kreis ...
- symmetrisches magisches Quadrat, Primzahlquadrat ...

Kopfrechnen
schnelles Rechnen

Rechenpyramiden (als Kopiervorlage oder auf Folie)

Durchführung:

Siehe Unterrichtsbeispiel.

Konkretes Unterrichtsbeispiel:

Rechenpyramide zum Addieren / Subtrahieren von Dezimalbrüchen:

Ergänze die fehlenden Zahlen.
Die Summe zweier benachbarter Steine ergibt den Wert des darüberliegenden Steines.

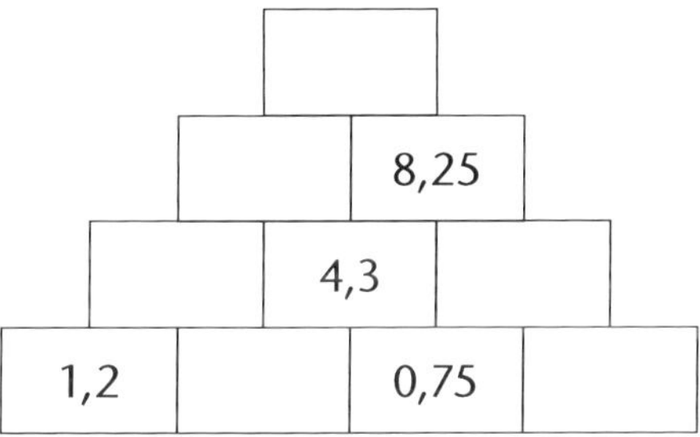

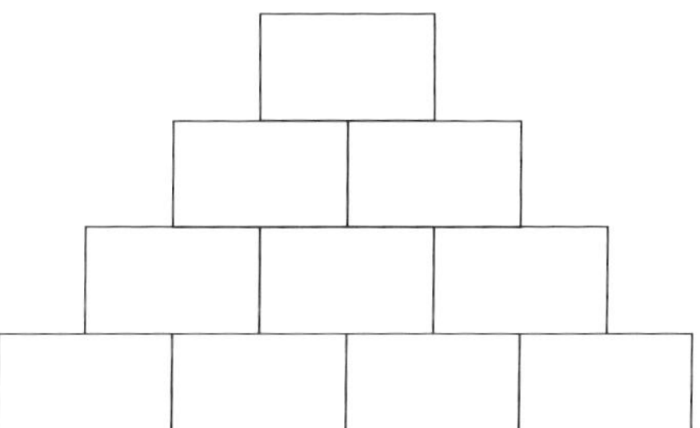

Weiterführende Hinweise:

Man kann zu vielen Themenbereichen eine Rechenpyramide erstellen und die Schwierigkeit individuell gestalten. Die Methode ist eher für die unteren Jahrgangsstufen geeignet.
Die Schüler können auch eigene Rechenpyramiden erstellen (ggf. mithilfe einer Formatvorlage). Um zu differenzieren, können auch einzelne Zahlen vorgegeben werden.

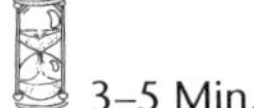

Kopfrechnen
schnelles Rechnen

Rechenschlangen (als Kopiervorlage oder auf Folie)

Durchführung:

Bei einer Rechenschlange müssen die Rechnungen der Reihe nach gelöst werden und das jeweilige Ergebnis der Rechenoperation in die Lücken eintragen werden. Das Ergebnis ist die erste Zahl der nächsten Aufgabe.

Konkretes Unterrichtsbeispiel:

Rechenschlange zu den Grundrechenarten:

Löse die Rechenschlange.

$\frac{3}{4} + \frac{3}{8} = \square \cdot \frac{2}{3} = \bigcirc - \frac{1}{2} = \square : \frac{2}{3} =$

$= \bigcirc + \frac{5}{6} = \square \cdot \frac{3}{2} = \bigcirc - 1\frac{1}{2} = \square$

Weiterführende Hinweise:

Man kann zu vielen Themenbereichen eine Rechenschlange erstellen und die Schwierigkeit individuell gestalten. Die Methode ist eher für die unteren Jahrgangsstufen geeignet.
Um die Schwierigkeit zu steigern, können nicht nur Zahlen, sondern auch Rechenzeichen ausgelassen werden. In diesem Fall sollten verschiedene Symbole für Zahlen und Rechenzeichen verwendet werden.
Die Schüler können auch eigene Rechenschlangen erstellen (ggf. mithilfe einer Formatvorlage). Um zu differenzieren, können auch einzelne Rechenzeichen und / oder Zahlen vorgegeben werden.

5 Min.

mathematische Denkfähigkeit verbessern
Denkprozesse umkehren

Aufgaben auf Kopiervorlagen, Aufgaben auf Folie

Durchführung:

Durch das Rückwärtsrechnen von Gleichungen wird überprüft, ob der Schüler alle Rechenoperationen beim Lösen von Gleichungen verstanden hat.
Die Lösung der Gleichung und die einzelnen Rechenoperationen sind vorgeben.
Durch Rückwärtsrechnen soll der Schüler die Ausgangsgleichung zurückverfolgen.

Konkretes Unterrichtsbeispiel:

Rückwärtsrechnen zum Thema Gleichungen:

Finde jeweils die Umkehraufgabe.

______________ | − 4

______________ | + 3x

______________ | : 4

x = 9

______________ | + 8

______________ | + 2x

______________ | : 3

x = 7

______________ | − 12

______________ | + 7x

______________ | : 5

x = 20

______________ | + 7

______________ | − 4x

______________ | : 5

x = 11

Kopfrechnen
logisches Denken
Strukturen erkennen

vorbereitete Zahlenreihen

Durchführung:

Sowohl in der Schule als auch in Einstellungstests sind Zahlenreihen eine beliebte Methode. Der Schüler erhält eine Reihe an Zahlen, die durch logische Grundsätze aufgebaut sind. Der Schüler muss diesen Grundsatz erkennen und die Zahlenreihe logisch ergänzen.

Konkretes Unterrichtsbeispiel:

Setze die Zahlenreihen sinnvoll fort.

11	5	–1	–7	–13	–19		

10	15	5	10	0	5		

0	1	4	9	16	25		

–4	8	–16	32	–64	128		

8	16	6	12	2	4		

Weiterführende Hinweise:

Die Zahlenreihen können in ihrer Schwierigkeit variieren.
Alternativ können die Schüler auch eigene Zahlenreihen entwickeln und ihren Mitschülern zum Lösen vorlegen.

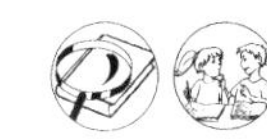

Lerninhalte wiederholen
zusammengehörende Paare zuordnen

vorbereitete Dominospielsätze

Durchführung:

Die Vorlage für das Domino kann mehrfach auf verschiedenfarbiges Papier kopiert werden, um die Kartensätze problemlos wiederzuerkennen. Kommt das Domino öfters zum Einsatz, kann es laminiert, ausgeschnitten und in Kuverts aufbewahrt werden.
Die Schüler sitzen um einen Tisch und der Lehrer gibt jeweils ein Dominospiel pro Kleingruppe aus. Die Schüler legen die passenden Karten aneinander, sodass eine lange Kette entsteht. Ein Ringschluss des Dominos (Anfang = Ende) ermöglicht eine einfache Kontrollmöglichkeit für die Schüler.

Konkretes Unterrichtsbeispiel:

Domino-Karten zum Zuordnen von Dezimalbruch und Bruch:

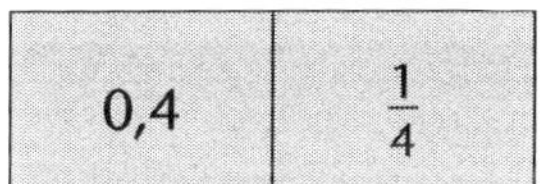

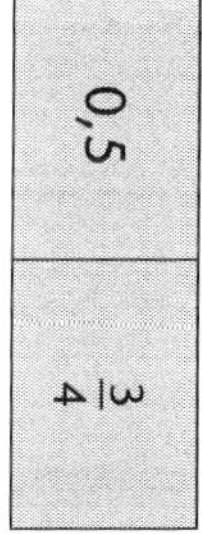

Weiterführende Hinweise:

Es ist besser, mehrere Kleingruppen zu bilden – bei zu großer Gruppengröße gibt es zu viele Unbeteiligte.
Domino-Karten lassen sich gut von den Lernenden selbst auf unterschiedlichsten Niveaus herstellen.
Ein Domino kann man bei vielen Themenbereichen anwenden:

- Lineare Gleichungen: Gleichung – Lösung
- Parabel: Gleichung – grafische Darstellung
- Prozent – Dezimalbruch
- usw.

7.2 Immer drei

5 Min.

zusammengehörende Dreierpaare zuordnen

Kopiervorlage zum Ausmalen, ausgeschnittene Kärtchen im Kuvert

Durchführung:

Die Schüler erhält eine Kopiervorlage, auf der sie wertgleiche Dreierpaarungen finden müssen.

Konkretes Unterrichtsbeispiel:

Beispiel zum Thema Rechnen mit Größen:

Je drei Kärtchen haben denselben Wert.
Male sie jeweils in derselben Farbe aus.

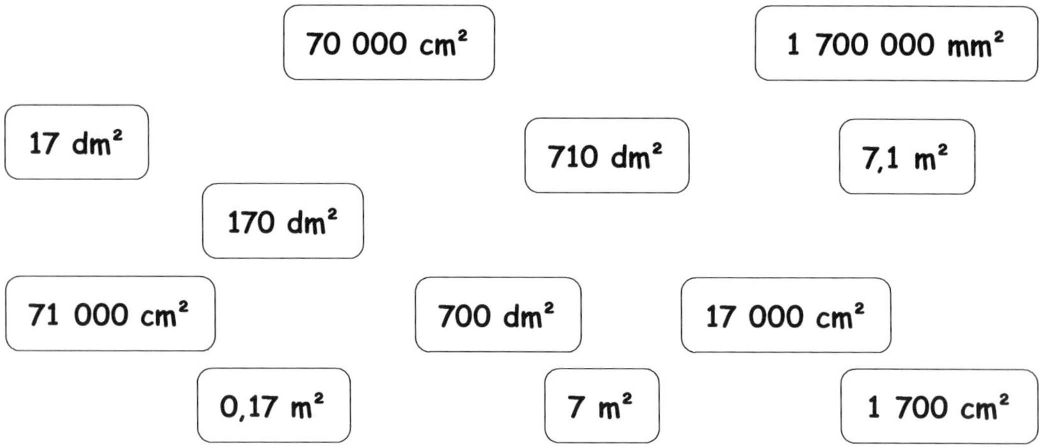

Weiterführende Hinweise:

Solche Dreiergruppen gibt es auch zu vielen anderen Themen des Mathematikunterrichts, z. B. Bruch – Dezimalbruch – Prozentwert.
Alternativ kann der Lehrer statt der Kopiervorlagen Kärtchen in einem Kuvert anbieten und die Schüler in Partnerarbeit arbeiten lassen.
Ebenso können die Schüler auch ihr eigenes „Immer drei" auf kleinen Kärtchen erstellen.

7.3 Memory®

10 Min.

Lerninhalte wiederholen
Kombinations- und Konzentrationsfähigkeit

vorbereitete Memory®-Spielsätze

Durchführung:

Die Schüler sitzen in Kleingruppen um einen Tisch und der Lehrer gibt jeweils ein Memory®-Spiel pro Kleingruppe aus.
Die Memory®-Karten liegen verdeckt (Schrift / Symbol nach unten) in der Mitte des Tisches.
Der erste Spieler beginnt und deckt dabei zwei Karten auf. Passen diese zusammen, nimmt er beide Karten an sich. Er deckt wieder zwei Karten auf. Passen diese nicht zusammen, so folgt der zweite Spieler.
Der zweite Spieler deckt wieder zwei Karten auf; er hat sich dabei die Lage der Karten des ersten Spieles gemerkt und hat es somit „leichter". Findet er die zusammenpassenden Karten, so nimmt er diese an sich und deckt zwei weitere auf. Passen seine zwei gewählten Karten nicht zusammen, so folgt der dritte Spieler usw.
Das Spiel endet, wenn alle Memory®-Paare gefunden und aufgedeckt sind.

Konkretes Unterrichtsbeispiel:

Siehe nächste Seite.

Weiterführende Hinweise:

Es ist besser, mehrere Kleingruppen zu bilden – bei zu großer Gruppengröße gibt es zu viele Unbeteiligte.
Memory®-Karten lassen sich gut von Lernenden selbst mit den unterschiedlichsten Niveaus herstellen.

Es gibt viele Themenbereiche, bei denen man Memory® anwenden kann:
- Lineare Gleichungen: Gleichung – Lösung
- Dezimalbruch – Bruch
- Prozent – Dezimalbruch
- usw.

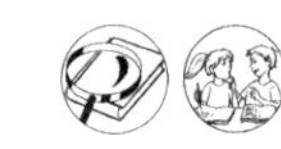

Konkretes Unterrichtsbeispiel:

Memory®-Kärtchen zum Thema lineare Funktionen:

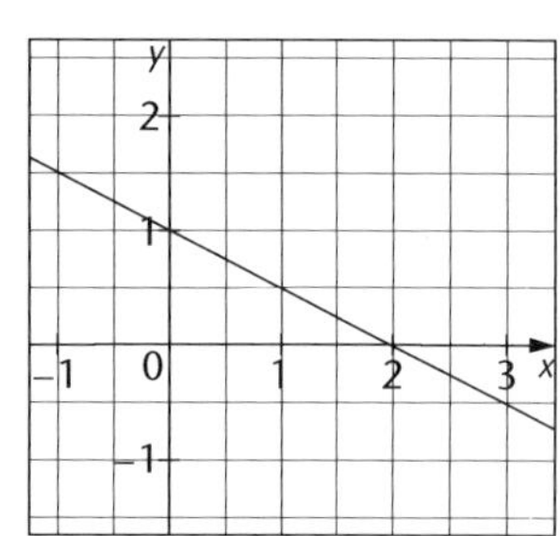

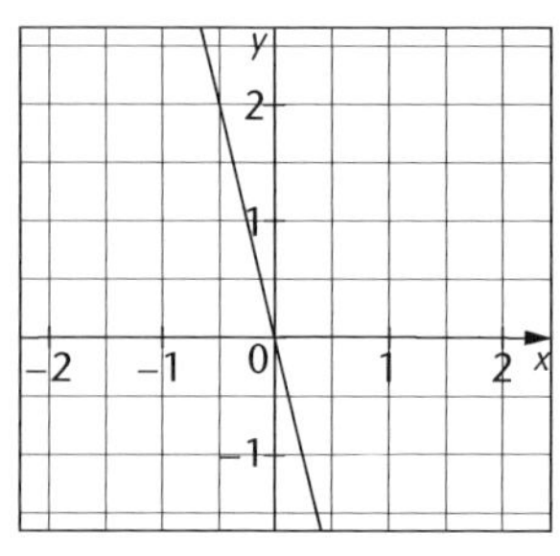

$y = 1{,}5\,x - 0{,}5$

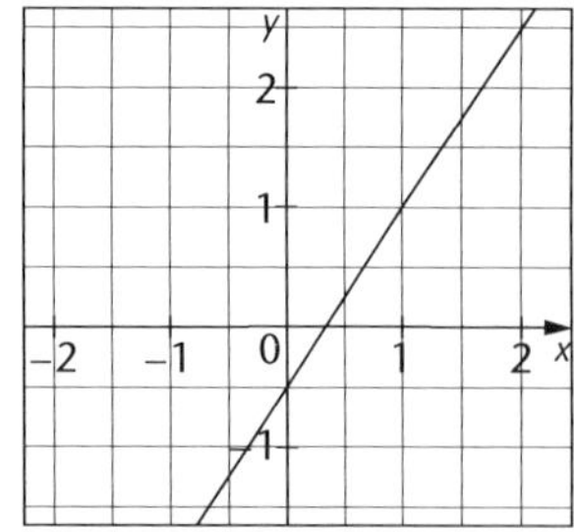

$y = -4\,x$

$y = -0{,}5\,x + 1$

7.4 Quartett

10–15 Min.

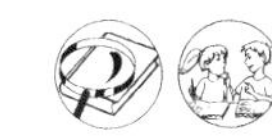

Lerninhalte wiederholen
zusammengehörende Viererpaare zuordnen

vorbereitete Quartettkarten

Durchführung:

Bei einem Quartett geht es darum, möglichst viele Sätze von vier zusammengehörigen Karten zu sammeln.
Die Schüler gehen in Kleingruppen (drei bis fünf Schüler) zusammen. Die Karten werden gemischt und gleichmäßig auf die Schüler verteilt. Ein Schüler beginnt mit der Anfrage bei einem Mitschüler, indem er die Karte beschreibt, die er sich wünscht. Hat der Spieler die Karte nicht, erhält er das Anfragerecht. Wenn er die Karte hat, gibt er diese an den Fragenden. Das Fragerecht geht dann an den nächsten Schüler über. Hat ein Schüler ein komplettes Quartett, so legt er dieses offen aus. Die Mitschüler überprüfen die Gültigkeit. Ziel ist es, dass alle Kartensätze richtig erfragt und komplett ausgelegt sind.

Konkretes Unterrichtsbeispiel:

Bruch – Dezimalbruch – Prozent – grafische Darstellung:

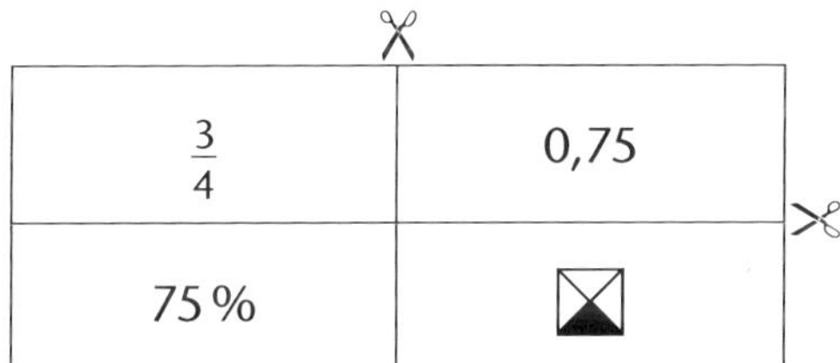

Weiterführende Hinweise:

Quartettkarten können im Mathematikunterricht in verschiedenen Bereichen zum Einsatz kommen.
Das Spiel kann auch zu zweit gespielt werden.
Alternativ können die Schüler auch selbst Quartettkarten erstellen.

7.5 Trimino

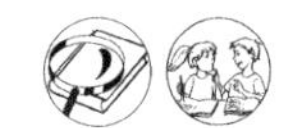
10 Min.

zusammengehörende Dreierpaare zuordnen

Kopiervorlage zum Ausschneiden

Durchführung:

Ein Trimino kann in Einzel- oder Partnerarbeit bearbeitet werden. Grundlage eines Triminos ist ein großes Dreieck, das wiederum in 16 Dreiecke unterteilt ist. Die Kanten der Dreiecke sind jeweils mit einem Namen, einem Begriff oder einer Zahl beschriftet.
Der Schüler muss die 16 Dreiecke so zusammensetzen, dass daraus das große Dreieck entsteht und die aneinanderstoßenden Beschriftungen zusammenpassen. Wie bei einem Puzzle gibt es hier viel zu knobeln und zu tüfteln. Dabei müssen die einzelnen Dreiecke immer wieder hin- und hergeschoben werden.

Konkretes Unterrichtsbeispiel:

Trimino zu ggT (größter gemeinsamer Teiler) und kgV (kleinstes gemeinsames Vielfaches):

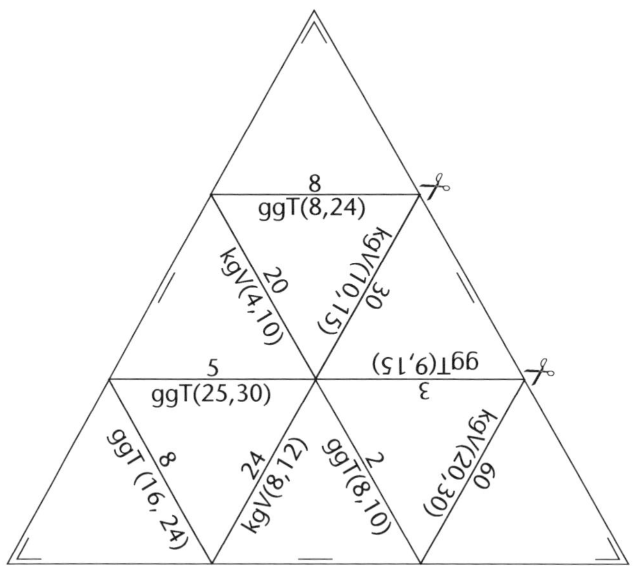

Weiterführende Hinweise:

Triminos gibt es zu vielen Bereichen des Mathematikunterrichts.
Es bietet sich an, einfache und schwierige Zuordnungen zu mischen, damit alle Schüler im Rahmen ihrer Möglichkeiten gefordert sind.

Elke Königsdorfer: 55 Methoden Mathematik

Index